Beyond Wealth

超越财富

家族企业的传承与革新

赵晶＿著

中信出版集团｜北京

图书在版编目（CIP）数据

超越财富：家族企业的传承与革新 / 赵晶著. --北京：中信出版社，2020.4
ISBN 978-7-5217-1444-9

Ⅰ.①超… Ⅱ.①赵… Ⅲ.①家族－私营企业－企业管理－研究－世界 Ⅳ.① F279.16

中国版本图书馆 CIP 数据核字（2020）第 022990 号

超越财富——家族企业的传承与革新

著　者：赵晶
出版发行：中信出版集团股份有限公司
　　　　　（北京市朝阳区惠新东街甲 4 号富盛大厦 2 座　邮编　100029）
承　印　者：北京楠萍印刷有限公司

开　本：880mm×1230mm　1/32　　印　张：9.25　　字　数：181 千字
版　次：2020 年 4 月第 1 版　　　　印　次：2020 年 4 月第 1 次印刷
广告经营许可证：京朝工商广字第 8087 号
书　号：ISBN 978-7-5217-1444-9
定　价：58.00 元

版权所有·侵权必究
如有印刷、装订问题，本公司负责调换。
服务热线：400-600-8099
投稿邮箱：author@citicpub.com

目 录

推荐序一　/茅理翔　V

推荐序二　/曹慰德　VII

推荐序三　/迈克尔·卡尼　XI

推荐序四　/周明明　XV

第一章　家族企业的中国故事
001

盛世光华四十年：当代经验　003

史海钩沉五百年：早期探索　014

第二章　家族企业的全球视角
025

北美模式：财富家庭的精英化　028

东亚模式：跳舞的大象　031

西欧模式：隐形的冠军　035

南欧模式：橄榄油坊主的情怀　039

第三章　家族企业与家庭
043

家族企业中的家族　045

家族利益至上　050

传统家庭观念的危机　058

从家族到家庭：单一继承者时代　069

女性管理者的崛起　077

第四章　家族企业与市场
083

财富制造的直接模式：家族所有与家族管理　085

财富创造的间接模式：家族信托与家族委员会　090

财富创造的混合模式：职业经理人与继承人　099

第五章　家族企业与社会
103

社会网络与家族企业嵌入性　106

合法性与家族企业权威　117

创业精神与组织系统持续性　125

第六章　家族企业与国家
135

无处不在的家族金字塔　137

国际经验与中国道路　147

第七章 155

家族企业的困境：站在十字路口

从成功的企业到时代的企业　157

守业与再创业　172

传承与转型　176

第八章 181

家族企业的出路：战略变革与创新

生命周期：战略创新的阶段特征　184

颠覆的机遇：启动战略变革　218

自我更新：以传承为契机　228

第九章 241

家族企业的未来

新钱与老钱　243

理性与非理性　252

传统与现代　261

后　记 267

家族企业：中国故事与全球视角

参考文献 275

推荐序一

茅理翔　方太集团创始人

改革开放40年，中国创造了世界经济的神话。国家的发展和社会的变革给了中国企业家无限的机会，中国的家族企业蓬勃发展，方太就是这些家族企业中的一个代表。众多家族企业为国家的经济社会发展做出了重要贡献，但我们还需要进一步提高，提高的重点是发展中国企业的核心能力，取得科技进步。我们要坚持做制造业，巩固我们自己的核心优势，为实现国家的制造业强国梦贡献自己的力量。我们也需要培养出更多的具有使命感和责任感的优秀的创二代企业家。小时候生活的艰辛培养了我们这代企业家的艰苦朴素和吃苦耐劳，也塑造了我们创造财富的能力。一代企业家把辛辛苦苦打拼的企业传给创二代，传递的不仅是财富，更是责任和担当。企业家之路本身就是充满艰难险阻的奋斗之路，正在接班和准备接班的创二代更是需要拼搏和进取。他们是责任重大的一代人，不仅承担着家族事业传承和创新的使命，还承担着中国民族工业振兴的使命；同时，他们也是潜力巨大的一代人，大多拥有良好的教育背景，学习能力和创新意识都很强，视野也很开阔。

今天，随着市场的急剧变化和新技术的快速发展，企业竞争进入新的赛道，错综复杂的竞争环境给企业带来了巨大的挑战，但同时也是企业进行创新变革、实现转型升级的好机会。我们要在立足主业发展的基础上，通过产品、技术、商业模式、管理等全系统的优化和变革，实现家族企业的传承与创新。

赵晶教授的《超越财富——家族企业的传承与革新》一书，研究了世界上不同国家和地区的家族企业的经营和发展模式，分享了全球家族企业成功的经验，从全球视角回答了家族企业的生命力在哪里；从家族和家庭、和市场、和国家的关系中分析了家族企业既追求市场效率，又追求社会责任的双元目标；分析了家族企业所面对的创新难题，并提出了应对路径。书中内容对中国家族企业实现百年传承的中国梦具有很好的借鉴意义，值得大家读一读。

推荐序二

> 曹慰德　世界家族企业协会亚洲分会主席
> 新加坡万邦集团董事会主席
> 音昱国际集团创始人

欣闻中国人民大学商学院教授赵晶博士的新作《超越财富——家族企业的传承与革新》即将由中信出版集团出版，值得祝贺。这是一本研究家族企业的有力之作，在这本书中，她的研究选取了中国和全球两个情景，既有家族企业艰难创业的故事，也有家族企业成功经验的分享；既有宏观国家环境层面的分析，也有微观家族层次的讨论；既有家族企业所面对的创新难题，也有家族企业发展的应对路径。赵教授研究家族企业，我经营家族企业，从某种意义上来说，我和她应该属于一路人。

我是一名华侨，出生在香港的一个商人家庭，从小在香港、新加坡读书，父亲后来又把我送到美国密歇根大学读书，二十岁时大学毕业回到父亲创立的万邦航运公司，现在是这个华人家族企业的当家人。我的曾祖父于 1906 年在上海的十六铺码头起家，到了我这里已经是第四代的家族企业了。我进入企业之前接受的都是西方教育。除了做好家族企业商业的管理和经营，我也开始思考，一个家族企业代代传承，除了商业之外应该还有很多对商业逻辑思想上的探索。从 1994 年在新加坡捐资成立非营利组织"东西方文化发展中心"，到 2009 年捐资和中国人民大学商学院合作培训员工，到 2012 年捐资和清华大学教育学院合作成立"东西方可持续发展研究中心"，再到音昱国际的创立，上海音昱听堂、苏州音昱水中天的投资建设，这些是我对企业商业发展的思考，但更多的是我对家族企业如何更好地传承做的文化思考和传承实践。有了这样多年的不断学习、对比、论证，我发现我的思想根基依旧源于中国文化，同时我渐渐觉得要想应对现代世界带给家族企业传承和发展的危机，需要重新审视中国文化的内涵与精髓，整合东西方的文化，互相补充。

家族企业并不代表着落后，它和一般商业化企业有共性也有更多的差异性。家族企业是"创始人或其家庭成员在企业管理中扮演重要角色的企业"，除了商业财富上的思考和积累外，家族企业在一代代的传承上需要有更加深远的战略考量。在这样一个大发展、大变革的全球化的互联网时代，可持续发展正面临着日益严峻的挑战，作为一个家族企业应该做哪些思考和应对呢？

家是一个小国，国是一个大家。没有国哪里有家，没有家哪里有我。天下兴亡，匹夫有责。中国传统文化中的"格物，致知，诚意，正心，修身，齐家，治国，平天下"对家族企业的传承和发展来说是很需要的坚守的理念。"变"是一个企业发展的真理,要明白和把握这一点。家族企业在发展的过程中要有正确的领导力、正确的组织设计、正确的判断力,只有这样才能实现持续进化发展,充分发扬有中国特色的管理理念,为家族、社会和国家做出贡献。很多家族企业一味寻求强大,不断刺激接班人的野心,却缺少爱心推动力。我们不能说,野心是绝对坏的存在,但只有野心的传承,往往充斥着负能量。而爱,则是捍卫理想的正能量,企业要壮大,家族要传承,首先要学会如何爱。家族企业里的年轻人一代,拥有与上一代截然不同的世界观和价值观,他们更希望能够通过其企业为社会做出更多贡献。社会一直在发展,市场一直在变化,科技一直在加速演进,这就是"企业必须持续进化"的科学基础。只有"诚其意,正其心"的量子领导者才能以量子世界观去理解世界的变化,由阶段性学习转为终身学习,通过合适的方法修炼,提升创意,用智慧把家族企业的血脉、财富和文化精神传承下去。

中国正处于传统文化复兴的关键时期,家族企业需要在这样一个伟大的进程中做更多的探索和贡献,既要在计划和市场发展中做好平衡,也要在整体人类和环境发展中做好平衡;既要在企业长期发展中身体力行,也要在超越财富的同时在企业文化的传承中扮演好重要的角色。如今这样一个时机已经到来,这就需要我们不断地发现智慧的自己,成就美好的自己,继往开来地去迎接新千年带给我们的美好时代。

是为序。

推荐序三

迈克尔·卡尼　加拿大康科迪亚大学约翰莫尔森商学院
战略与创业讲席教授

我非常高兴为这本非凡的书撰写推荐序。我的整个职业生涯都在研究东亚及其家族企业。这一情景和其中的管理实践一直深深地吸引着我。近年来，中国家族企业的治理和管理问题引起了中国和西方国家的广泛关注。作为中国经济发展的重要组成部分，成功的家族企业是其长期经济繁荣不可或缺的引擎。在商业世界和学术界中，家族企业都应该得到更多的尊重。

家族企业是世界上最具普遍意义的企业组织形态，为世界经济贡献了超过70%的GDP（国内生产总值）。在工业社会早期，家族成员独有的凝聚力被认为是其核心竞争优势的来源。然而，越来越多的商业实践表明，在高度发达的经济社会，家族企业仍有出众的表现。这与家族企业独特的治理结构、组织环境、传承机制等因素息息相关。

家族持股使家族目标与企业目标趋于一致，一方面，家族做决策会考量对家族成员的个人财富的影响,当花自己的钱办自己的事情时,人们会变得更节俭、更有效率。另一方面,家族的战略规划也会更具有长期导向,避免了短视带来的盲目逐利行为阻碍企业的长远发展;家族所有权控制权高度集中的治理结构,降低了因经理人和股东目标不一致导致的第一类代理问题在家族企业发生的风险,同时也保证了家族企业在需要快速决策的问题上拥有特事特办的能力。以维系家族情感、财富为企业决策核心参照点的导向,使家族成员将自身声誉与企业发展更加紧密地联结在一起。对家族共同的价值观的高度认同感、家族成员关系网络的构建与维系、利他主义的行为准则,都会增强家族企业的社会资本和情感财富及一般商业组织形态难以建构的异质性资源。

在掌握大量研究成果的基础上,我通过长时间对家族企业的观察和研究提出了一个体现家族企业治理和竞争优势的3P模型。这个模型解释了与其他类型企业相比,家族企业为什么拥有更强的竞争优势。世界上没有两片一样的叶子,不同国家和地区的家族企业的发展和传承呈现出不同的制度依赖的特征。欧美家族企业更习惯于借助设立家族办公室、家族基金、家族信托,引入职业经理人等治理机制实现家族的"基业长青"。而在东亚,虽然家族企业也越来越青睐这些市场化的管理方式,但深受儒家文化熏陶,家长制、金字塔式的管理模式仍然很有市场。在中国,改革开放的浪潮中涌现出了一批优秀的家族企业,其中很多已经步入交接班阶段,如何选择合理的传承机制,实现企业的持续繁荣?在竞争持续增强的外部环境下,家族企业如何继续修炼内功，提升抗风险能力？这些都是摆在中国家族企业面前的重要问题，值得我们深入思考与讨论。

这本书作者赵晶教授是我在中国学术界的朋友，我们有一些关于家族企业研究的合作成果发表。她一直花费大量的时间和精力对中国家族企业展开研究。她对中国管理的见解，特别是对家族企业的看法，给我带来了独特的视角，并一直激发我产生新想法。我们就这本书中的主要模型和想法进行了几次精彩的对话。一如既往，她的分析很有趣，发人深省。我相信这将是一本中国家族企业领域的好书。

我真诚地建议经理人员，MBA（工商管理硕士）学生和投资者深入地阅读这本书。它将真正帮助您做出决策。我也建议本科生和研究生阅读本书，作为了解中国家族企业的主要参考。当然，我的学者同事们也会发现它在研究中的用处和趣味性。请打开这本书，你一定会找到你喜欢的东西。

推荐序四

周明明　超威集团董事长

企业的发展壮大离不开企业战略和企业文化的双轮驱动。企业战略决定企业的发展方向，企业家需要具备前瞻性的战略决策能力，从而提前对环境做出反应，进行产业布局。一个企业要成为百年企业，选择一个有前景的行业很重要。

超威的早期发展就是抓住了电动自行车产业迅速发展的机遇，看准了电动自行车产业发展对电池需求不可估量的前景，提前进入电池行业布局，快速成为龙头企业。随着技术的快速迭代、消费需求的快速变化，传统产业正在进行创新升级，企业更需要通过科技创新引领行业方向和未来。科技创新是一条艰辛之路，在这条路上超威已经走了20多年。在科技创新发展的过程中，一方面，企业要不断提升学习能力，特别是同行之间、员工之间，要相互学习，取长补短。企业要吸纳不同的人才和先进的技术，集合大家的智慧。企业要发现人，培养人，不拘一格地为员工提供施展才华的机会和舞台。我们要通过做大人来做大企业，做大企业来做大人。另一方面，企业家要不断自我加压，不断挑战自我和突破极限。企业发展得越大，企业家的自身定位与奋斗目标的取向就越重要。

企业战略要落地，一个重要的支撑是企业文化，它是企业可持续发展的精神支柱，是企业资源要素整合的黏合剂。超威的发展离不开"和合"文化的支撑。企业要实现和谐发展，合作共赢，就要与自然和合，追求绿色发展，与社会和合，承担社会责任，与人心和合，实现价值共赢。一个企业要成为伟大的企业，需要在市场竞争中有效率，能为客户、供应商、员工、合作伙伴等利益相关者创造价值很重要。同时，企业不仅是市场中的企业，更是社会中的企业，企业是社会的一个有机体，回报社会，是企业的天职。企业发展得越大，企业家的社会责任感应该越强，企业家应该多承担社会责任和使命担当，为社会的进步、国家的繁荣富强做出自己的贡献。

《超越财富——家族企业的传承与革新》这本书是赵晶教授关于中国家族企业经营的最新力作。她利用中国和全球两个情景，研究了世界上不同国家和地区的家族企业的发展历程和成功经验。同时根据中国家族企业的经营实践，高度凝练出了中国家族企业成功经验的3FP模型，对中国家族企业的下一步发展提出了相应的思路。今天进入人工智能大数据时代后，我们正在面对前所未有的挑战和机遇，如何通过科技创新实现企业升级发展是每一个企业家必须认真思考的问题。我相信她的观点对家族企业和企业家们会有很大的启发。我希望能有更多的人认真地读一读这本书。

第一章

家族企业的中国故事

从来就没有什么救世主,也不靠神仙皇帝。要创造人类的幸福,全靠我们自己。
_《国际歌》

中国的奋斗,便是人类的奋斗,
我将长眠,祝福中国。
_ 罗纳德·科斯(诺贝尔经济学奖得主)

盛世光华四十年：当代经验

改革开放四十多年以来，中国创造了人类历史上少见的经济发展速度，改变了每一个普通中国人的生活，迅速提高了中国的国际竞争力。学术界和西方媒体将这一辉煌历程称为"中国奇迹"。即使在全球经济陷入低谷的情况下，中国经济仍然保持了令人瞩目的高速增长。中国巨大的消费者市场和日益强健的产业正在成为全球经济发展的引擎。

作为经济的细胞，"中国奇迹"的诞生离不开中国企业的发展壮大，而中国家族企业的蓬勃发展又是整个中国企业发展不可或缺的一部分。家族企业的开拓者披荆斩棘，克服艰难险阻，将业务拓展到世界上的每个角落；家族企业的缔造者积累社会财富，解决民众就业，将善待财富的观念植根于企业运营的每个方面；家族企业的参与者艰苦奋斗，不断创造，积累了宝贵的管理经验，值得在更长的时间内被人们铭记。

中国家族企业的艰难开拓

中国家族企业的成功是企业家艰难开拓的结果。从零开始,是他们身上的标签。他们在不平凡的成长路径上,克服了重重阻力和限制:他们从物质的匮乏中走来,成为第一批"吃螃蟹的人",在法律地位仍不清晰的前提下,跨越了资金和技术上的障碍,打造了一代具有中国特色的企业。

1978年,当十一届三中全会做出改革开放的重大决策时,人们行动上的变化要比政策上的转型慢得多。当时拥有城市"铁饭碗"和农村"承包地"的社会成员,普遍拥有最高的社会地位。计划经济框架下的配给制仍然存在,有"正式工作"和"单位"的人在生活的各个方面都有保障,从而在社会认知中处于优势地位。当时高达800万的下乡知青返城,他们的就业迅速成为社会问题。中国的机关和单位安置能力有限,知青们不得不成为"个体户",依靠摆地摊,提供磨刀修鞋等生活服务来获得基本生活保障。这种经济上的不利地位带来了社会文化上的弱势。"个体户"经常被视为待业青年的同义词,轻视和嘲笑也随之而来。

第一代家族企业创业者出身上带有明显的草根气质:建立汽车玻璃王国的曹德旺,1979年还只是乡镇玻璃厂的采购员;刘永好的创业开始于1982年他和几位兄弟在阳台上养的鹌鹑;黄光裕则在1985年北上内蒙古做贸易,那年他只不过是一名17岁的失学少年。有人评论他们的生活状态是"上无片瓦遮身,下无立锥之地"。草根出身,艰难创业,几乎是很多中国家族企业创业者身上共同的基因。这不仅是这个时代的特点，近百年以前的荣氏兄弟——中国第一代家族企业家的翘楚——创业时，也面临相似的弱势。文化观念的迟缓变化，恰好反映了创业者人格的强健。

第一代家族企业在法律地位上也面临着高度的不确定性。改革开放之后，政府最初授权的东部沿海地区开始发展外资经济和乡镇企业。合法性上的不确定给民营企业带来了现实的生存压力。许多企业家选择戴上"红顶"以求安全。直到1992年邓小平发表南方谈话加快改革步伐，随后中国正式明确了市场经济体制，第一代创业者才能够得以堂堂正正地踏上他们的探险之路。尽管如此，民营企业的产权问题在很长一段时间内都无法确定。由于法律地位的模糊，家族企业的开拓者竭尽全力创造的财富能否传承，实际上存在很大变数。创业过程和结果合法性的共同缺乏，让家族企业的诞生和发展都承受了不小的压力。

除却制度环境的约束，创业期家族企业的技术环境同样不令人满意。这突出体现在资金和技术两个方面。改革开放之初，企业缺乏直接融资的手段，主要资金来源一方面是创业者个人及其家庭在前期劳动积累的小部分财产，另一方面则是占比更大的从国有商业银行那里获得的贷款。但是历史传统、政策导向和信誉基础上的先天劣势导致家族企业最初面对巨大的融资困难。不少创业成功的企业家回忆起往昔峥嵘岁月之时，都会提到四处求取资金支持的情形。今日叱咤商场的王健林就曾在公开场合，多次回忆自己20年前想尽一切办法向银行业务员求取贷款而不得的经历。家族企业固有的家族制公司治理特征本身就会约束其可能发展的规模和形态，而这些因素又是资金提供者赖以判断企业资质的重要因素，因此，家族企业面对的资金约束尤其明显。

"从零开始"可以概括绝大多数家族企业的起源，不仅资金匮乏，生产技术也并无太多基础。此前长达30年的"赶超战略"（林毅夫，2008）策略性地优先发展基础工业，这使得其他产业的发展相对滞后。家族企业发展依托的技术环境难以提供充足支持。就像今天大量的高科技创业公司都选择入驻美国硅谷一样，企业如果能够在基础技术环境良好的区域发展，通常可以避免很多困难。这种情形塑造了家族企业的成长路径。正如柳传志所说"先砸鞋垫，后做西服"，企业需要先从技术含量较低的产品做起，循序渐进地向产业链的高端进发。今天成功完成产品升级的方太集团在经历了两代人30年的不懈探索和努力后，才走完这个技术学习的过程。时至今日，依然有大量不知名的家族企业在技术学习的道路上摸索前行。

中国社会在过去的40多年经历了深刻的变革和转型，整个民族都在"摸着石头过河"。家族企业作为其中有机的部分，也经历了同样艰难的探索过程。观念桎梏和经济法律条件的不成熟没有阻挡住中国家族企业，它们翻山越洋，走出了一条具有中国特色的企业之路。毫不夸张地说，中国家族企业已经跨出国门，随着它们的产品走到了世界上的几乎每一个角落。

造福社会的中国家族企业

兴旺发达的中国家族企业通过产品、税收、就业、慈善等途径，造福了整个中国社会。毫无疑问，家族企业的发展壮大会为其背后的家族带来财富和声望。但我们不能简单地将家族企业的成功视为局部和个体的成功，从而忽视其更为广泛的意义。我们应该全面地讨论家族企业是如何造福中国社会的。

家族企业提高中国经济的效率

通过合理竞争和合法经营积累财富的企业往往能够以最优的投入产出效率来进行生产和财富制造。由于家族企业的战略决策会直接影响到家族的财富，管理者往往不断追求更高的效率，作为消费者的公众能够因此以更低廉的价格得到产品和服务。比如福耀公司经过反复试验生产出的汽车玻璃成本低，售价合理，在为企业带来巨额利润的同时满足了广大消费者的需求。

家族企业贡献财税收入和外汇储备

中国家族企业的另一个突出的社会性贡献是它们从事的外向型经济带来的财政税收增长、外汇资产积累和就业机会。作为新兴经济体，中国在技术上与发达国家客观上存在较大差距。大量家族企业参与到第四次国际产业转移的浪潮中，利用人口红利，承接了大量出口产品的制造。我们今天拥有世界第一的外汇储备，很大程度上是包括家族企业在内的众多中小企业一件件衬衫、一个个零件积累出来的。家族企业的雇员在此过程中也得到了劳动收入，提高了自身福利水平，从而维护了社会稳定。这一成就在很多中国人看来似乎习以为常，但实际上很多西方人来到中国时都在赞叹中国处处呈现的生机勃勃之态和中国人日常的勤劳和努力。家族企业所做之事看似简单,却意义非凡。

家族企业承担社会责任

家族企业在积累了大量财富之后,不忘承担社会责任。它们的领头人对财富的理解,赢得了全社会的尊重:视财施为"小善"的曹德旺最近30年累计个人捐款已达60亿元,获得"安永全球企业家大奖";立志做世界级慈善家的王健林,其个人慈善捐款数量也已经超过30亿元;大量家族企业在历次自然灾害面前慷慨解囊,捐出千万元以上的财富来参与救灾。就像中国中小微企业成长指数报告中展示的那样,中国家族企业慈善捐赠的行动高于其他企业。他们将大量的财富无偿捐赠给自己的国家、故乡和公司所在地,真正做到了"先富带后富"。

中国家族企业的经验总结

我们必须承认社会对家族企业存在一些偏见。主要的原因在于:一方面,人们对现代企业的理解被金融化的社会观念所塑造(Davis & Kim, 2015),认为高度个人化的家族企业是比较原始和低效率的,实际上这种看法是站不住脚的;另一方面,人们比较容易观察到家族企业的某些效率损失,包括裙带关系代替经济思考、不考虑经济因素的利他主义等。但是在管理的世界里,存在即合理。今天的家族企业在社会经济中扮演着如此重要的角色,一定有其过人之处。过去40

年，创业者们在开拓过程中积累的成功经验是一份宝贵的资源和遗产，值得所有中国企业家学习和保留。

中国家族企业经营上的成功也值得中国的企业界和学术界认真总结。笔者以3FP模型来概括中国家族企业的成功：持续保持的高度进取心（Forwardness）、通过家族涉入（Family Involvement）降低的代理成本、公司战略上的聚焦（Focus）、家族事业开拓者的勤俭节约（Parsimony）、通过个人主义行为（Personalism）建立起灵活的应对机制、以特殊主义（Particularism）解决管理中的实际情况。其中的3个F，强调的是中国家族企业在最近40年的发展历程中积累的经验和独特优势；另外的3个P，是由我的同事迈克尔·卡尼教授总结的，主要关注的是世界范围内家族企业的一般性优势（Carney, 2005）另外的（见图1）。

图1　家族企业成功经营的"3FP"模型

进取心

正如前面对于家族企业发展环境不佳的阐释，这些企业的成就来之不易，都是创业者闯出来的。他们面对的创业机会有限，政策支持不足，如果不能极其努力，勇于承担风险，精益创新，很快就会被市场淘汰。这些年我们见过太多辉煌一时的企业因为进取心的缺失而导致失败的案例，也见过积极进取、努力开拓，从而获得巨大成功的家族企业。如果王卫只满足于像同行一样依靠铁路、公路进行物流配送，顺丰就不会冒着极大风险率先利用航空拓展业务，我们今天也很难看到重新定义行业标准的高水平物流公司。如果周明明只是满足于在国内电池行业拥有市场的成功，超威就不会在全球研发布局，成为当今全球动力与储能电池第一大供应商。

家族涉入

家族企业的突出特征是家族持股和家族管理。在世界范围内，中国家族企业的家族人员参与程度是比较高的。这种高程度的家庭涉入，极大地保证了家庭的利益。在经济比较发达的欧洲和北美，家族企业大量移交给基金会和职业经理人管理。因为这些经济体的法制化程度非常高，经理人侵害家族的利益很可能受到严厉的法律制裁。同时西方有高度发达的经理人市场，经理人为了保持自己职业生涯长期的收益最大化，倾向于较为尽职尽责地为家族服务。这两条基础条件在中国并不明显，家族企业主要依靠家族成员内部的高度信任来完成企业的管控。比如在黄光裕入狱之后，他的夫人和妹妹先后主持企业大局，从而将企业的控制权牢牢掌握在手中。如果中国的家族企业简单移植西方的商业安排，很可能其中大部分的企业会在短期内变成一般性的公众公司。

战略聚焦

家族企业在战略上的聚焦和专一有助于它们维持长期的稳定和健康的发展。家族企业的成功不仅仅表现在它们做了什么，还表现在它们没做什么。家族企业的家族性在带给它们额外优势的同时也约束了其对资金、资源和技术的吸纳，其规模难以做大。四面出击的家族企业往往会面对严重的资源束缚，从而走向衰败，这方面的例子比比皆是。20世纪90年代，史玉柱领导的巨人集团曾经红极一时，但它偏离主业，盲目扩展，一心想着建设中国最高的大楼，其直接结果是资金链的断裂和公司的迅速没落。正如战略管理大师鲁梅尔特所言，企业战略的成功不仅有加法，还有减法。大量成功的中国家族企业能够清楚认识到自身的局限，在有限范围内做好工作。这种稳扎稳打的作风为家族企业提供了在更长时期内进行拓展的可能，同时帮助家族企业在多元化失败时也可以回归核心业务，从而继续维持企业的正常发展。

高度的进取心驱动了家族企业，使其得以在短期内绕过壁垒发展起来；大范围的家族参与又帮助创业者保持了对公司的控制权；再加上审时度势的战略聚焦，家族企业在短期内积攒的财富得以有效利用，为它们的长期成功奠定了坚实的基础。

正如2018年诺贝尔经济学奖获得者保罗·罗默所说，中国经济的成功是中国人艰苦努力、主动创新和大胆实验的结果。中国的家族企业从艰难中走来,在为自己创造财富的同时,也创造了巨大的社会效益,它们成长中积累的经验成为中国企业管理的重要参考。中国的经济奇迹也是中国家族企业的奇迹。

勤俭节约

勤俭节约帮助家族企业度过了资源匮乏的时期,极大地促进了家族企业的发展。勤俭一直被视为中国人的传统美德,即使在今天消费主义盛行的年代,很多家族企业的创业者仍然保持着艰苦朴素的作风。从企业层面看,家族企业是比较能够实现资源结构优化配置的一种治理安排。很多股权分散的上市公司会雇用专业的经理人。经理人有一种追求自身利益的倾向:他们愿意选择更好的办公条件,出行时选择更为昂贵的方式;他们还有可能选择能够扩大企业规模,但未必增加企业盈利的对外并购。这种倾向往往和公司的利益不一致,从而造成大量的资源浪费。学术界将这类问题称为"代理问题"(Jensen & Meckling, 1976)。在家族企业中,这种代理问题则较为少见。因为家族在家族企业中的持股比例往往很高,家族管理者消耗的资源不是别人的,而是自己的,所以很少出现"崽卖爷田不心疼"的情况。第一代家族企业创业者在艰难中起步,每一分钱都是自己辛苦劳动所得,在个人消费和企业的日常经营中往往比较节约。这种节约帮助企业减少了融资需求,从而在艰难的环境中体现出更强的适应能力。

个人主义

这里的个人主义并非我们在描述西方文化时所关注的对个人的自由和权利的重视，而主要强调的是家族所有者在家族企业中拥有的极大自由。我们在生活中见到的大量国有企业和外资企业通常都有复杂的层级关系和职责划分。这种层级系统的缺点在于职务和工作内容分割造成了狭隘的本位主义。各人自扫门前雪，莫管他人瓦上霜。组织内部的人员要完成特定的活动需要经过多个"位置"，从而大大降低了效率；而家族企业的所有者在家族企业内部进行活动时可以绕过层级壁垒，从而最大限度地增加行事的效率。

特殊主义

特殊主义的存在帮助家族企业打破日常拖沓的科层结构，极大地促进了家族企业的发展。由于家族企业存在着以家庭为核心的权威体系，这种体系可以随时干预企业当前发生的状况。试想，如果一代巨头诺基亚是一家家族企业，其成员在发现组织无法提供创新性的产品时就可以迅速调整公司的战略方向。当年诺基亚的失败并非组织成员的无知，几乎所有人都意识到行业中出现的革命性产品很有可能改变整个业态，但这艘巨轮的调整需要经过非常复杂的体系。如果公司只有一个掌舵者，转向的难度则会大大减小。

特殊主义的另外一个突出优势是其建立商业网络的灵活性。当某些交易伙伴，比如供应商、销售渠道商、资金提供者等对组织具有非常突出的意义时，家族企业往往可以迅速调整与其的合作关系。家族企业是"指哪儿打哪儿",而调整乏力的其他企业往往是"打哪儿指哪儿"。家族企业的特殊主义行为塑造了其极端灵活性。

勤俭节约、个人主义、特殊主义是家族企业的共同优势,这种优势在不同国家或地区的管理情境下都是存在的。我们不能否认这三种优势在某些情况下也会变成劣势,但总体上它们给整个社会经济带来非常有特色的企业活动,也帮助家族企业获得了良好的财务回报。

史海钩沉五百年:早期探索

作为最原始的企业形式,从曾经的家庭作坊开始,家族企业的出现有着历史的必然。企业包含着分工与合作两个基本的维度,合作的基础是彼此间的信任。在封建年代和战争时期,可以付出最多信任的范畴自然是同姓同宗的家庭。太阳底下无新事,今天我们看到的家族企业的成就,也曾经以不同的面貌在中国历史上出现过几次,这些家族企业的经验可以帮助我们理解今天的家族企业。

封建时代残阳下的晋商与徽商

明清时代商品经济的发展和资本主义的萌芽激发了远途贸易的繁荣。在这一时期,以地域和宗族为基础的商帮晋商和徽商发展起来。以历史的视角看,这两个曾经繁盛一时的商帮在封建力量的夹缝中发育出来,遭遇了很多今天难以想象的困境,实际上也并未在更大的范围内帮助中国走向现代化。但是它们在发展过程中凸显出的几个特点，特别是其在家庭宗族基础上的发展模式，又伴随着文化脉络沿袭至今，从而影响了今天的家族企业。本节重点分析了其中几个家族的突出特点，我们发现，二百年以前中国家族企业的奋斗史与改革开放之后第一代家族企业的奋斗史有许多相似的特点。

社会创业环境塑造创业精神

在今天高度商业化的社会中，成为一名"生意人"是人的自由选择，并不会因此而地位低下。但是在晋商和徽商兴起的年代，"士农工商"是一个基本的社会阶层排序。农业生产环境欠佳时，人们也会尽量选择学一门手艺，成为一个小手工业者。选择成为商人就意味着自动滑落到社会底层。换句话说，明清时代选择成为商人进行创业，和改革开放后第一批"个体户"一样都面对着不利的社会文化和舆论环境。

既然无法获得政治上的地位，那么竭力获得财富就变成首要的追求。晋商和徽商在当时展现出了杰出的创业精神。山西人走西口，踏上茫茫草原，与内蒙古和中亚地区的商人们展开贸易；安徽人则筹办"洋庄"，通过海上贸易，向欧洲输出丝绸和茶叶。封建时代人们的乡土观念极重，人们认知中的生活应该是从生到死都不离开故乡。然而没办法在贫瘠的土地上讨生活的山西人和安徽人则走上了颠沛流离的贸易道路。晋商"老西儿"极为勤俭，也就是前面提到的节俭主义；徽商则颇具探索精神，也就是前面谈及的进取心。他们为当时的中国带来了大量的社会资源和财富：山西人帮助开发了内蒙古地区，极大地加强了口外边地与内地的联系，汉蒙经济文化不断融合，巩固了祖国的疆域；安徽人从事的丝绸、茶叶贸易，本小利大，迅速将大量的白银吸收到中国来，巩固了当时中国在世界上的经济和贸易大国的地位。如同两百年后的同行，古代家族商帮用自己的勤奋推动了社会的进步。

家族关系和治理安排

虽然有很多学者从制度上比较了晋商和徽商在治理安排上的差异性，但是双方都是明显的家族企业，同时也都充分利用了当时的基本社会结构。徽商企业的治理和运营都是依靠同一宗族的同胞，也就是家族涉入的程度比较高。以今天的角度看，低独立性的所有者和管理者可能会约束企业的发展和扩大。但是这种安排充分利用了家族成员之间的信任，避免了今天常见的委托人和代理人之间的矛盾。对于管理者的激励和惩罚都依靠原有家族的结构，从而在一定程度上弥补了涉入程度较高的家族社会拥有较大权力带来的缺陷。

与徽商的治理策略不同，晋商则颇为前瞻性地采用了两权分离的安排。经过长达20年的培训，职业经理人得以通过"掌柜"的身份执掌票号（早期的商业银行）。在管理过程中，企业避免使用财东的亲属。这样的安排在很大程度上杜绝了"败家子"的出现，家族企业的财富得以在长时间内获得积累。但这也带来一个委托人和代理人目标不一致的潜在冲突。强势的经理人另立门户，挖了培养其多年的企业墙脚，晋商历史上多次发生类似的事件。不过鉴于传统乡村结构的束缚，来自同乡的财东和掌柜也并不经常让矛盾激化。为了克服代理成本，晋商还推出了类似今天期权激励的"身股制"。晋商范围内家族财富的最大化是通过职业经理人的努力间接实现的。

传统价值观驱动商业行为

发育在封建时代的两个传奇商帮，并没能拥有今天它们的继承者身处的这种成熟的法律制度环境。企业的行为经常是受价值观和行为规范的软性约束的。有趣的是，这些传统的价值观与今天中国家族企业的成功经验经常是不谋而合的。首先是对信义的依靠。在当时监管薄弱且信息闭塞的时代，晋商发展了惊人的金融产业。票号长期坚持的信义，让客户们仅仅通过一张票据就确信自己可以在遥远的地区取出足量的资金。徽商在从事粮食和盐的贸易过程中，也非常重视产品的质量。这种信义为先的策略聚拢了人心，帮助企业渡过了很多难关。其次就是对于社会网络的依靠。在当时的环境下，社会网络主要体现在同乡网络中。晋商的同乡网络主要体现在他们培养组织成员的过程中。在票号工作的学徒工都是从当地亲戚熟人家介绍而来的，这保证了他们的忠诚度。徽商的同乡网络则主要体现在他们的"会馆"制度上。"会馆"的基础功能类似于今天的商会，来自安徽的同乡都得以在此互动交流，获得新的商业机会。会馆同时还兼有"招待所"的功能，出门在外的安徽商旅可以在此下榻休息，成为外出商业活动的中转枢纽。今天的中国家族企业虽然以"家庭"关系为核心，但实际上也是核心创业者调动使用整个社会网络的结果，也离不开同乡们的帮衬。最后，在获得巨额财富之后，晋商和徽商都将大量的财富回馈到当地社区，尤其是投资到教育事业上。家族企业的繁荣不仅仅代表着某一个局部企业和家族的繁荣，实际上也带来了整个社会的发展。

近代激流中的早期家族企业

晋商和徽商的基本经营形态是家族性企业，因为其团块结构被视为更高层次上的代表性经济力量。不过它们的繁荣更多地反映了曾经无比强大的中国封建社会。清朝进入末期，殖民时代的西方资本主义国家用坚船利炮打开了中国的国门。中国的封建社会陡然被牵扯进了整个殖民资本主义世界，被迫成为他人的附庸。这一时期涌现出许多在特征上更接近现代组织的工商企业。这些企业大部分采取家族式管理，也曾经被政治力量持续影响。在战火纷飞的年代，受封建传统和帝国主义殖民力量的约束，中国的第一代现代家族企业走得极为坎坷。从这个转型时代的企业群落，我们得以一窥当时想要"实业救国"的仁人志士如何在艰难中展开探索。

现代企业身份的确立

不同于商帮，我们这里讨论的企业更多的是现代意义上的企业。从企业的角度看，清末民初这一百多年可以分成两个阶段。第一个阶段的企业是由当时清政府中的洋务派发起的，尽管也有民间资本在后期投入民用工业之中，但洋务企业的管理和运作本质上仍然是"衙门"式的。洋务企业的创办本身透出一种工具理性：清朝的"大人"们一方面需要发展现代军事工业来剿灭太平天国农民运动，另一方面也想"师夷长技以制夷"，对抗侵入中国的西方殖民者。在当时的统治者看来，中国的落后是生产技术上的，只要局部地采用了西方的生产技术，建立起江南制造总局、福州船政局和安庆内军械所这样的近代企业，哪怕完全由清政府的财政拨款支持，中国也能摆脱在国际上落后的局面。历史证明，这种幻想很快就被时代潮流所淘汰。就像张维迎所说，用粉笔在黑马背上画道道，黑马也不会变成斑马。民用企业中的民间资本也在19世纪80年代尽数退出，封建官僚重新掌控局面，现代企业的雏形很快被扼杀。

整个19世纪，清政府始终没能真正弄清楚未来社会发展的潮流。这个庞大的帝国也不愿冒着动摇自己统治基础的风险放开民间对于发展企业的尝试。官僚们幻想着这个静态封闭的农业经济能够一直持续下去，"中体西用"的春秋大梦永远不会醒。由于清政府在中日甲午战争中失败，签订了《马关条约》，清政府必须承担高达两亿两的巨额战争赔款，这直接激发了清政府快速获得财政收入的动机。同时，越来越多的通商口岸被打开，西方殖民者在这些口岸进行的生产制造活动直接刺激了中国。既然外国人能够在中国创办企业，中国又为何不能？所以从《马关条约》签订之后，大量的现代意义上的企业开始涌现。今天被人奉为美谈的荣氏家族的第一代荣熙泰正是在《马关条约》签订后的第二年（1896），将自己在广东口岸积攒的数千银洋投资广生钱庄，开启了荣氏家族的传奇。十年之后，已经有了越来越多的工矿、运输、商业企业，如何有效展开治理成为清政府的当务之急。光绪皇帝一边说"大清律例，折衷至当"，一边又说"为治之道，尤贵因时制宜"。在他的督促下，1904年，中国有了第一部公司法——《公司律》。

《公司律》确立的基本原则影响了其后几十年的公司法律制度和中国现代企业的探索。《公司律》规定的"股权面前人人平等"的基本原则和"公司法面前所有公司一律平等"的原则成为塑造现代性观念的重要一环。从这时开始，近代企业进入了第二个阶段。大量的现代企业开始涌现，企业开始拥有法律上的合法性。虽然清政府在8年之后土崩瓦解，但这次尝试仍有非常积极的一面。不过这种合法性没能带来一个稳定的经营环境，第一代现代企业很快就进入了战乱频仍的压力年代。

压力年代的试炼

不管主角如何变化，1904—1949年间在中国诞生的近代企业都有着非常相似的经历，我愿意将之称为压力年代的企业。这种压力有三重：企业需要在仍然极为封建的经济和观念系统中生存，落后的生产力面对着与殖民者不对称的竞争，战乱带来额外的不确定性。

封建的经济是静态和封闭的，几百年来人们消费着同样的农产品和手工产品，维持着同样的社会结构。新兴的近代企业则打破了这种稳定，从而立刻引起人们的反抗。就像荣宗敬、荣德生兄弟开办的面粉厂所经历的那样，当地乡绅告发保兴面粉厂"擅将公田民地围入界内"，而且新竖立的烟囱会破坏地方风水，当地知县责令面粉厂搬迁。直到官司打到两江总督刘坤一那里，这场前后经历10个月的风波才以荣氏家族的胜利宣告结束。广大中国的封建力量如此之大，新生的近代企业没有反抗之力，始终处于弱势。

和今天的企业类似，近代企业同样需要面对激烈的竞争。荣氏兄弟在面粉厂获得第一桶金之后，转而创办申新纺织，投资纺织业。荣氏兄弟在面粉厂的经营中获得了一些经验。他们曾经先后三次引进欧洲最为先进的面粉生产技术，从而快速提升了保兴面粉厂的生产力。今天看来，他们的战略非常激进，尤其是兄长荣宗敬，特别敢于进行大规模投资，引进新技术。在一个政治不稳定的时期，这种做法非常冒险。荣氏企业曾经多次因为国际倾销而面对产品滞销和资金窘境。在与西方企业的竞争中，中国第一代家族企业处于颇为不利的地位。西方企业拥有强大的国家实力作为后盾，在政治上始终处于有利地位。两次工业革命的成果又被迅速地、源源不断地注入西方企业。夹缝中生存的中国企业参与了一场并不平等的对抗。

对于当时的中国企业，连绵不绝的军阀混战也带来了高度的不确定性。"枪炮一响，黄金万两"，军阀们将打仗作为买卖来做。发生战争就可以借机向各种企业勒索钱财，东北王张作霖就是那时候远近闻名的首富。就像《茶馆》里精明的掌柜王利发遭遇的那样，国民党党棍要砸他苦心经营的茶馆，还要勒索他根本就拿不出的金条。用"朝不保夕"这个词来形容当时企业的困境并不过分。一场又一场的战争促使当时的政府不断以印钞筹措军费,借通货膨胀掠夺社会财富。大量的中小企业因为这种掠夺走向崩溃。

如果可以选择自己生活的时代,没有什么企业家愿意在清末民初的压力年代去试图创造财富。封建、殖民、战争的三重压力塑造了那一代苦苦经营的企业家,构成了中国家族企业发展的第一个段落。

从早期家族企业看今天的家族企业

"欲知大事,必先知史",对中国早期家族企业历史的回溯能够帮助我们更好地理解今天的家族企业。虽然具体的历史条件、经济状况、社会观念都有着根本性的差异,我们还是能从中得到一些启示。

第一,中国的传统文化依然会深刻地塑造今天的家族企业。文化传统之所以被称为传统,就是因为它们经历了很长的历史时期之后,仍然有很大的作用力和解释力。西方个人主义文化下塑造的创业者的典型形象是几个大学同学在自家的车库里成立了改变世界的公司。东方集体主义文化下塑造的创业者的典型形象则是一个家庭在自家的房前屋后开始了以手工业和农业为基础的创业。西方的合伙人在办企业时保持了"一个手臂"的平等距离(arm's length, Cremer, 1995),而中国的合伙人则喜欢手臂挎着手臂(arm by arm),紧密地形成小团体。理解中国家族企业的发展,不应该脱离中国文化这个基本背景。改进中国家族企业的管理,尤其需要充分理解中国的文化传统。

　　第二，作为后发国的中国，其企业运行的环境是多种不同文化力量的融合（王利平，2010）。中国的近现代发展史实际上也是一部向西方学习的演进史。我们在前面谈及的《公司律》中包含的平等、自由等经济民主观念是从西方学习而来的。1929年南京国民政府颁布的《公司法》学习的则是德国和法国等大陆法系国家的法律制度。1946年国民党立法院修正的《公司法》又从英国和美国的普通法法系中引进了大量自由主义的立法精神。加上原有的中国法律传统和司法实践，中国企业从一开始就处在一个多种法律逻辑并存的环境中（Friedland & Alford, 1991）。法律环境只是企业运行环境的一个方面。从向西方学习的会计制度，到面对西方传来的管理体系，中国企业始终要面对一个趋向于融合的复杂经营环境。

　　第三，在整个中国的现代化转型过程中，中国家族企业做出的牺牲和贡献是巨大的。经历一个世纪辉煌的荣氏家族就是一个典型的例子。第一代荣熙泰在通商口岸的活动中积累了初步的资本并传承给第二代荣宗敬、荣德生兄弟。第二代在关乎民生的轻工业中走向繁荣，同时也在不利的创业环境中受尽了来自封建势力、西方势力和军阀势力的压迫。接受了国际化教育的第三代荣毅仁在民族发生大转折的时刻选择了正确的一方，积极参加公私合营，为今天中国的再崛起牺牲了个人的利益。类似荣氏家族这样的创业者从不利的境地中走来，用自己的进取精神克服了重重阻力，而在大功告成之后，他们又顺应历史潮流，回馈国家，从而获得令人敬佩的成就。

第四，家族治理的特色古而有之，今天家族企业在公司治理上面对的困境经常是历史的重演。如发生在很多晋商巨贾身上的那样，当家族企业中较多成员参与到治理过程时，家族可以更好地控制企业，但是战略创新性和问责机制就会稍显不足。当家族企业采用了较为现代的两权分离体系时，有才华的经营者拥有了制度化的提升路径，但是家族的利益又会直接受到冲击。二百年前困扰乔致庸们的大股东-经理人关系依然困扰着今天的宗庆后们。现在家族企业的管理者们不妨翻开历史，向前人寻找更多适合中国情境的解决之道。

第五，家族治理不是机械的，而是有机的、灵动的、顺势而为的。今天的家族企业经常面对的一个困扰是要不要上市的问题。上市经常意味着外部资本的进入和控制权的分散。其实类似的情况在一百多年前《公司律》颁布时就已经发生过。著名的南洋兄弟烟草公司因为不想失去家族对公司的控制，选择1905年在香港注册，并通过一系列股权控制安排，牢牢掌握了公司。上海著名的百货店永安公司，其拥有者郭氏家族也选择香港作为上市地来保障自己的控制权。为了维持家族在企业中的地位，保证控制权，家族企业可以从一个巨大的工具箱中进行灵活选择，从而避开了当时认识的约束。

第二章

家族企业的
全球视角

在全球化时代,经济发展的浪潮与早先
的任何时代都不同。
_ 吉登斯(当代社会思想大师)

文明一定趋同,文化必须求异。
_ 马未都(文化学者)

中国家族企业是世界家族企业大家庭中的一员，我们不应该把中国家族企业与其他国家家族企业的联系割裂开来，片面地讨论其管理问题。从欧洲到北美，家族企业在发达经济体中的分布范围之广、企业实力之强、管理经验之丰富都让人惊叹。世界上没有两片完全相同的树叶，世界范围内的家族企业同样展示了不同的形态，各有风采。本章，我们将放眼全球的家族企业管理，分析那些曾经给全球家族企业上过一课的佼佼者。作者尤为关注那些发达国家的成熟家族企业，因为随着中国的持续发展，这些国家的家族企业的今天很可能就代表着中国家族企业的明天。

作者首先将目光转向北美家族企业，讨论美国的洛克菲勒家族和特朗普家族，从他们身上学习家族企业在获得财富之后，如何实现家族的精英化。接下来讨论东亚家族企业的典型模式，以优衣库为例，来证明家族企业也可以完成杰出的创新，并且探讨其创新的基本经验。随后作者将关注家族企业林立的西欧地区，以法国米其林家族为例，讨论家族企业如何通过保持隐秘性来保护自己积累的财富。最后会把目光转向南欧的西班牙，从举世闻名的橄榄油制造商那里，学习家族企业如何与社区整合，并且通过自己的努力，达成那些同样重要的非经济目标。通俗地说，通过这一章的讨论，作者希望读者能够了解"家族企业如何提升社会地位"，"家族企业如何创新和保持繁荣"，"家族企业如何保护财富"，"家族企业如何与社区联结荫庇子孙"。这四组案例反映了世界发达地区家族企业的经营经验，且在行业上囊括了衣（柳井正家族）、食（橄榄油坊主）、住（特朗普家族）、行（米其林家族和洛克菲勒家族），几乎可以代表所有的家族企业类型，因而具有通用性，也更有说服力。

北美模式：财富家庭的精英化

家族企业保持家族的属性，经常是为了荫庇子孙、泽被后世，因此如何从财富家庭变成精英家庭是家族企业尤为关注的问题。要寻求这个问题的答案，我们应该转向北美。虽然家族企业的力量在北美尤其是在美国并不特别突出，但是北美地区拥有大量成功从财富家族转型为精英的群体，远有洛克菲勒家族，近有特朗普家族。通过对这两个家族精英化过程的剖析，作者发现了两种基本策略：第一种是通过大量的慈善活动和对资金的灵活使用，来获取广泛的正面社会评价，借此获得企业进一步发展的空间和社会普遍的尊重，从而实现家族的精英化；第二种是通过极为严格的教育和大量实际决策的经验，将领导力培养为一种视若平常的习惯，从而保证家族每一代都能成为极为杰出的继承者，并随着时间的推移，渐进地实现家族的精英化。

洛克菲勒家族的精英化策略核心是其对于资金的多元化使用，特别是将大量的资金投入慈善事业当中，以此改变社会公众对家族的评价，从而间接实现精英化。将财富投入慈善事业之后，家族可以获得很高的声望，而且通过这种行为可以教育下一代如何善待财富。第二代在继承家族财产之后仍然能保持极强的进取心，加上前期积累的资源和声望，很容易打出一片新天地。

洛克菲勒家族的第一代约翰·洛克菲勒和中国家族企业的第一代一样，出身赤贫（他的父亲是一个不务正业的假药贩子），曾经在社会底层工作很久，但他在特定的历史时期获得了极佳的机会，从而创造了巨额财富。约翰·洛克菲勒在第二次工业革命时投资了石油、铁矿、保险和银行等行业，由他创立的标准石油公司如今仍然是世界上最为重要的石油巨子。他深受教会影响，创业生涯之初就定期向教会捐赠。约翰·洛克菲勒和钢铁大王卡内基共同开创了美国巨富慈善的先河。他的儿子小约翰·洛克菲勒深受父亲影响，将慈善事业提高到一个新的高度。首先，他选择捐出超过一半的财富。著名的芝加哥大学和中国的协和医院，都是洛克菲勒家族的手笔。捐赠财产的举动直接改变了人们对洛克菲勒家族的看法，人们越发尊重他们在短期内获得的成绩。其次，他将剩余的资产放入信托委员会中，让家庭成员从公司的管理层中退出，这显示了小约翰·洛克菲勒的过人之处。这个举措一举两得：一方面，家族成员能够拥有财富，但不能轻易处置财富，从而杜绝了"败家子"的出现；另一方面，更为优秀的管理者可以获得上升渠道，从而可以更为顺畅地发展企业。在使用这一套组合策略之后，人们对洛克菲勒家族的看法发生了根本性的变化，他们意识到洛克菲勒家族并非一时得势的"暴发户"，而是拥有品位和善心的大亨。精英化的过程不是家族自认为是否成为精英，而是在社会层面上是否获得足够积极的评价。洛克菲勒家族通过自己对资金的灵活使用和慷慨的慈善活动，直接改变了大众对他们的看法，从而跻身美国上层精英群体。

我们讨论的另一个主角是风头正劲的特朗普家族。今天的唐纳德·特朗普注定会被记入美国历史，这个日耳曼商人的后裔已经成为美国第45任总统。特朗普家族的精英化，最重要的并不是因为他担任了总统，而是他们的精英教育和把领导力视为基本习惯的生活方式。

特朗普家族的第一代是唐纳德·特朗普的祖父，他通过经营餐厅进行创业，赚取了移民美国的种子基金。第二代弗雷德·特朗普在20岁时就创立了自己的地产公司，借助二战后的发展契机，在纽约打出一片天地，成为当时少见的百万富翁。这时的弗雷德就体现出其远见卓识，他从唐纳德·特朗普一出生就系统地培养其领导力：通过打工赚取零用钱，读精英私立中学，接受纽约军校教育。弗雷德用自己的资源为唐纳德打开了通往沃顿商学院之路。沃顿商学院是西方商业精英的一个重要枢纽，在那里唐纳德·特朗普接受了顶尖的商业教育，更重要的是，他得以接触到美国社会的精英阶层，学会了上层社会的游戏规则和精英们的决策能力。此时的唐纳德·特朗普已经变成极为有胆略的地产商。几经沉浮，他成为十亿美元富豪。在芝加哥这样的大城市，高耸入云的特朗普塔就是唐纳德·特朗普成功的标志。不出意外，他又把那种极为严格的训练纳入女儿伊万卡·特朗普的生活中去，促使她极早就实现财务独立，禁止她从事不健康的活动，引导她入读沃顿商学院。

正如伊万卡·特朗普所说，特朗普家族的基本价值观就是做事就要做出成绩。这也正是特朗普家族通过企业财富实现精英化的基本过程：严格培养下一代的领导力，使之成为日常活动。接受精英教育，从文化观念、思维方式、生活习惯等多个角度采纳精英阶层的思路。

今天在美国成功精英化的财富家族可以作为中国第一代家族企业的范本。与拥有贵族传统的欧洲不同，北美大陆一开始并没有多少因累世财富和家族地位带来的上流社会。家族企业家们通过自己的努力，逐渐提升社会层级，从而实现了家族的精英化。通过大量的慈善活动和对资金的灵活使用，家族能获取广泛的正面社会评价，从而在人们心目中成为精英的代表。通过对每一代人的严格教育，家族能把自己的领导力和领导方式积淀为一种家族基因，确保每一代都能成为极为杰出的继承者，渐进地实现家族的精英化。不管采用哪种方式，这都启示中国家族企业的第一代应该体现出更宽广的视野和胸襟，从日常的财富积累中抽出身，思考更为长远的家族战略。

东亚模式：跳舞的大象

如果你问家族企业最大的困难是什么，很多人会回答你"创新"。

此话不虚，创新确实是不少家族企业的痛点。因为家族企业是"家族"的，创新的最大受益者是家族，而创新的过程却分散在企业的各个部分，企业的成员并不总是甘愿"为他人作嫁衣"。创新又是经常需要"烧钱"的，需要大量的人力物力的投入来引入人才，激励人才，但家族企业的性质又让它相对难以在金融市场上获得融资。一进一出之间，家族企业很难在创新上有所作为。况且家族企业的历史遗产经常会成为后辈的包袱。在谷歌、苹果、特斯拉和亚马逊这样的新兴高科技公司里从来都看不到家族企业的影子。站在科技与经济拐点的家族企业要解决创新这个难题，似乎就像是一头大象要学会跳舞——愿望很美好，却受到自身条件的重重束缚。

正是在这种情况下，优衣库公司的出现才更让人备觉敬畏。作为一个家族企业，柳井正领导的优衣库和迅销（Fast Retailing）公司多年来一直是世界上最具创新精神的公司。2015年，优衣库名列波士顿咨询公司发布的"全球最具创新力企业50强"的第15位。优衣库的成就是全方位的：它是一家服装快消品企业，这个行业是一个古老且无太多新意的竞技场；它的首选市场是经历了"失去的二十年"的日本，在这个阶段，日本主要的大型企业都处于下滑的趋势；它是一家低成本发展的公司，其服装定位是普通快消品，按照战略管理的一般看法，低成本与创新带来的差异化战略是不可兼得的，而优衣库是极少数能同时满足这两种矛盾要求的企业；当然，优衣库也是世界上最大的服装品牌之一，在如此大规模的情况下仍然保持创新的活力就像能跳舞的大象一样少见。

优衣库的成功首先要归因于其建立在日本文化背景基础之上，特别是其独特的职人文化和家族文化。职人文化和今天正在被热烈讨论的工匠精神比较相似，即对于所从事实业超出功利目的的追求和探索。日本工匠可以执着于一把伞、一支笔、一碗面。柳井正出生于服装世家，但并没觉得"造服于人"有何社会地位上的不适。他曾经就读著名的早稻田大学，但学完政治经济学之后还可以沉下心来接手父亲留下的"小郡商事"，这首先就是一种对工匠身份的认同和尊重。与此同时，日本民众对于"家族"概念的设定要比别的国家的民众更为宽广，其"家族"设定绕开了血缘的约束。家族企业的创始人可以培养"养子"。收养子不受年龄、性别及辈分的限制。所谓的"嫁养子"是收自己的儿媳妇为养子。所谓的"孙养子"，是收自己的孙子为养子。这种情况能够直接帮助维持家族企业创新的意愿。如果创始人的子孙不能担当重任，就可以由毫无血缘关系的人来继承家族企业。松下幸之助就把公司传给了自己的女婿松下正治。其实这位女婿原名叫平田正治，是在成为松下先生养子之后才改变了姓氏的。正是由于这样的职人文化和家族文化，日本家族企业从一开始就获得了创新的基本土壤。

除了日本家族企业特有的优势，优衣库的与众不同之处主要表现在其产品创新和商业模式的创新上。优衣库的产品创新突破了服装通过外观设计进行创新的窠臼。它不断引入高科技，从根本上解决了如何穿衣服的问题。从商业模式上看，优衣库在日本最早引入大卖场模式，在节省资源和降低价格的同时，极大提升了顾客的购物体验。通过引入科技改进产品,完成了创新和差异化战略;通过引入新的交易方式,完成了成本领先战略。

在进行产品创新时,柳井正从更为基本的人类需求出发考虑问题——人类这样的恒温动物,穿衣服首先是为了保持温度和舒适。"要风度不要温度"的做法虽然突出了审美功能,却损害了人的身体。柳井正选择与化工集团东丽合作,通过产学研相结合的方式,快速迭代产品来不断改进其 Heat-Tech 技术。最近刚刚离开苹果的传奇设计总监乔纳森·伊夫(Jonathan Ive)在推出每一代产品时总喜欢强调"smaller and lighter"(轻薄短小),其实这也是优衣库在服装上做的事。优衣库的产品在冬天提供了轻薄的温暖,在夏天又提供了极度的干爽。每次你在炎热的罗兰·加洛斯或是温布尔登观看网坛巨星罗杰·费德勒的神奇表演时,你会发现他所穿着的优衣库运动服很少让他大汗淋漓,这就是优衣库产品的特色。

对家族企业而言,产品创新是它们超越那些大型公众公司的有效方式。家族企业生产的产品比较专一,有机会从更根本的技术上来颠覆整个行业。东亚的家族企业已经不止一次在与西方企业的对决中证明了这一点,远一点的如三菱和松下,近一点的如三星和利丰。家族企业要想活得长久,其核心产品必须足够"拳头"。事实上,类似服装这种看似单品销售金额较小的企业却往往能通过巨大的销量来实现很高的利润。在中国的瓷器、丝绸、茶叶横扫欧洲的年代,这些产品都不是金额巨大的产品,但足以让中国的经济成为世界最强。

优衣库的商业模式创新同样值得中国家族企业学习。优衣库于

20世纪八九十年代在日本崛起之时,正是经济社会浮华的年代,日本人追求奢侈的服饰,每件衣服动辄上万日元,吸引了全世界的服装制造商。日本的中产阶级正在兴起,但是他们的日常着装需求还未被满足。优衣库推出的1 900日元的高质量休闲服立刻获得巨大的国内市场。随后,它又率先引入大卖场模式,降低了雇用销售人员的成本,新兴的中产阶级可以极为随意地挑选自己青睐的商品。日本大和民族是一个非常不愿意给人添麻烦的民族,优衣库的商业模式恰好符合人们的这种需求。商业模式的创新并不复杂,重要的是企业的管理者需要更多地到第一线去接触顾客,然后从更高的视角重新审视自己的业务。家族企业的管理者如果真的能沉下心来浸淫自己的业务,创新的前景其实并不遥远。

总体上讲,优衣库作为东亚家族企业的重要代表,体现了家族企业在创新上的独特优势。东亚文化赋予人们温和的态度和执着的精神,当家族企业管理者能够深入企业的下层去了解实际、接触市场,家族企业就可以真的像可以跳舞的大象一样做出令人称赞的创新成果。

西欧模式:隐形的冠军

西欧地区的典型家族企业,通常采用一种颇为隐秘的方式获得成功。它们利润丰厚,却名不见经传;它们高度创新,却又秉持着极为保守的价值观。近年来,全世界逐渐被这些企业的实力和所代表的创新所震撼，称它们为"隐形的冠军"。作者以米其林公司为例，讨论这种看似悄无声息的发展模式如何帮助家族企业持续创新并积累下巨额财富。

法国的米其林公司是世界上最为著名的企业之一，也是西欧地区家族企业的代表。全球的十几亿汽车使用着数十亿只米其林轮胎，轮胎人的形象随着企业走到了世界每一个角落；由米其林轮胎全权赞助的世界一级方程式锦标赛（F1）成了与足球世界杯和奥运会齐名的顶尖体育赛事，吸引了全世界的目光；《米其林指南》更是成为全球美食追求者的圣经，顶尖餐厅都削尖了脑袋希望获得米其林的推荐。无论是在财务收益上，还是在社会声誉上，米其林公司都是名副其实的工业时代的企业巨头。

当你被米其林的成功吸引时，你又会发现米其林是如此之神秘，你会对它的成功感到非常困惑。一个外在形象如此深入人心的公司对自己的管理如此讳莫如深，以至于你只能看到每个员工的标牌上以单一字母为标识的部门，而所有管理者的头衔都是经理。带领米其林子午线轮胎走向世界的弗朗索瓦·米其林（Francois Michelin）先生在公司内部的头衔同样是经理。在米其林，你感受不到大企业的那种复杂的层级和不畅的沟通，却能感受到一种活力和成就。

米其林公司坐落于法国小镇克莱蒙费朗，这个被哥特式建筑环绕的法国艺术之城拥有极为传统的服饰和守旧的人民。米其林家族和它的历代员工在此生活了一个多世纪。与南欧的家族企业相似，这里的财富家族在极为慷慨地回馈着社会，从基本的住宅和医疗卫生设施，到现代教育和艺术馆，米其林家族为这个区域的民众提供了近似社会保障式的生活方式。这种方式让企业成员免于受到太多的打扰，从而能以更放松的心态来应对公司事务。比如著名的《米其林指南》最初就是为了帮助销售轮胎而制作的：它告诉人们哪里有最棒的食物，热爱美食的法国人就会驱车前往，从而会花费更多的资金来购买轮胎。这种颇具智慧的行为是在克莱蒙费朗甜美的阳光和街道中诞生的。

类似于克莱蒙费朗，三大汽车公司也曾经在美国小镇建立起类似的体系。比如著名的胭脂河工厂（River Rouge Plant），可以整合一个企业成员从生到死的所有行动，底特律市民曾经以福特人的身份甚至胭脂河人的身份为傲。但美国引以为傲的公共公司体系却没能坚持下去，而法国米其林的家族企业却不断兴旺发达。其中有三条非常独特的家族企业优势，帮助米其林公司经受了岁月的考验。

首先，米其林始终保持一种神秘的姿态，不愿意把自己的情况公布于众。这种情况在执掌公司数十年的弗朗索瓦身上展现得尤为明显。他曾经匿名在米其林的基层工作过很长时间，当过工人、司机和销售员。在担任首席执行官之后，他拒绝现代化的公共关系部门，每次都选择"把门关上"来独自面对媒体。20世纪50年代，法国人的英雄戴高乐访问米其林时还吃了很久的闭门羹，因为弗朗索瓦先要不露声色地在企业里把一切安排妥当，法国媒体因此还把他称为"法国最隐秘的老板"。这种思路在家族企业里非常值得借鉴。俞敏洪曾经表示他非常佩服鲁冠球，因为后者信奉"有目标、沉住气、悄悄干"。"悄悄干"是家族企业一种自我保护的措施，在此指导下，鲁冠球的万向集团也成为今天中国最成功的家族企业之一。

其次，米其林与当地社区拥有极为密切的关系，它只相信那些经历了时间考验的商业关系。今天我们国内流行的平台企业和利益共同体的概念早已经被米其林实践。中国家族企业过去三十年的成功常被视为"关系"的成功。这种个人主义和特殊主义的做法也招致了不少批评。很多人都指出"关系"虽然能提供机会和帮助救急，但若企业长期依靠固定的社会关系就会变得封闭和保守。可我们是否应该反思为什么没有人批评米其林的这种"关系"现象。如果一家企业能够真正做到与社区紧密联系，也许并不会被困入一条死胡同难以脱身。中国家族企业的第一代开拓者需要仔细反思一下自己过去的做法，他们建立起的那些社会关系是否真的是互利共栖的，他们又是否真的从中获益。

最后，米其林家族极为擅长保持自己的价值观，特别是不断进取、持续开拓的决心。价值观是软实力，不是写在纸上、挂在墙上的口号。家族企业的管理者能否以其行为传导给企业正确的价值观是关键。弗朗索瓦多年的基层锻炼就是树立这种正确价值观的典范。作为"富二代"，他曾担忧自己无法充分理解企业，就在不同的部门隐姓埋名地工作，从中获取信息和经验。在工程师开发出子午线轮胎时，他力排众议，以极大的魄力来推广这项新技术，并获得成功，颠覆了整个轮胎行业。晚年时他的爱子爱德华二世离奇地溺水身亡，他又能转变思路，将公司交给爱德华二世的表哥打理，以更为宽广的心态来看待财富与公司。他的一生在给米其林带来财富的同时，也留下了重要的价值观。这种价值观会让家族企业在很长的时间里保持竞争力，哪怕企业将来会面对资金和技术上的困难。

米其林公司是西欧家族企业的典型代表，它隐秘而成功。世界曾经被以德国那些利润动辄上亿欧元却名不见经传的中小企业所代表的创新和实力所震撼，这些公司被称为"隐形冠军"。米其林比这些隐形冠军规模更大，声誉更响，但也保持了充分的低调。家族企业的成功可以像优衣库那样声名大噪，也可以像西欧这些"闷声发大财"的企业一样，以隐秘的方式保留成功的基因。

南欧模式：橄榄油坊主的情怀

提到西班牙，人们通常想到的是阳光、沙滩、斗牛士、浪漫热情的人民，或许近年来人们还会想到那里出产的高品质橄榄油。作为在《圣经》和古希腊神话中不断出现的自然之果，"橄榄"（oliver）是西方文明中关于健康、滋养和美丽的重要标志。《新约全书》中，挪亚走出方舟，以绿色的橄榄枝作为洪水退去的标志，从那时起，橄榄开始象征生命的复苏与丰足。用橄榄制作的"液体黄金"橄榄油风靡欧美，并随着西方文化的扩散，影响到整个人类。

也许让人出乎意料的是，最高品质的橄榄油并不出产于现代化的大农场，而是出产于西班牙南部的上千家秉承传统工艺的橄榄油作坊。如果问为什么它们能生产那些售价最高、品质卓越的橄榄油，答案就在它们长期坚持的家族企业的管理控制模式。

就像法国的香槟镇和美国加州的纳帕谷之于红酒，著名的西班牙南部小城哈恩是最佳橄榄油的产出地。这里上千家传统的家族企业拥有数百年的橄榄油制造历史。在它们看来，提供最好的产品非常重要，同样重要的是保持家族对于产品生产过程的控制。家族油坊不仅是一份收入的保障，更是一个独特身份的象征，是一个家族与众不同地存在于世界上的方式。虽然橄榄油带给它们大量财富，但经济目标并非它们首要的追求。它们往往把非经济目标视为更高的追求。这种追求在1944年到1998年的橄榄油生产合作社运动中体现得尤为明显。

由于橄榄油生产经常受到当年气候条件的影响，西班牙当地政府希望通过组织集体生产合作社来保障生产供应的稳定。这个项目从1944年开始，邀请各个初榨橄榄油的作坊自愿选择加入合作社。但这个合作社是个单程票，一旦加入就不能退出。毫无疑问，加入合作社能获得更多的政策扶植、更优厚的税收条件，以及更稳定的油橄榄供应，但这些作坊却表现出了非常冷淡的态度。执行了半个世纪的项目，历经了两三代榨油师，因加入的作坊过少，合作社最终并未达到预期的效果。著名的家族企业研究权威戈麦斯-梅希亚（Gomez-Mejia）和他的团队对这一千多家橄榄油坊进行了数年的研究，他们发现，对于这些家族企业，最重要的不是财务的回报，而是自己情感上能否得到满足，能否继续保持家族企业的身份。

家族企业的身份意味着什么？首先意味着家族可以借此树立对外的形象和声誉，当人们看到卡波纳（Carbonell）品牌的橄榄油时，他们就有机会了解创始人卡波纳在19世纪的奋斗史。吉卜赛女郎的形象越是深入人心，卡波纳家族的后继者越是能感受到那种荣光。

家族企业的身份还意味着家族成员可以在一个商业王国中纵横捭阖，激荡风云，始终握有权力。虽然达官显贵走马观花般地变化，但他们如果想享用最高级的料理，还是离不开西班牙油坊供应的少量的精品橄榄油。不管橄榄油生产技术如何变化，怎么生产、生产多少、销售多少，继承者最有话语权。

家族企业的身份意味着一种维系家族情感乃至更广大社交关系情感的方式。每年生产橄榄油的时节，家族成员都会回归于此，通过手把手的合作联系情感。就像《舌尖上的中国》反映的那样，制造食物的过程是心性交融的过程。橄榄油的提取过程就是"舌尖上的西班牙"。这种情感还会扩散到家族的朋友们那里，固定的交易伙伴，传统的交易习惯，让家族成员感受到更强的归属感。即使不能通过做生意获得大回报，至少也可以结交几个好朋友。

家族企业的身份还意味着家族价值观的维系和传承。财富是很容易消散的，中国人讲富不过三代，就是对财富这种特征的描述，西班牙也有类似的经验总结。一个家族能持续兴旺，家族价值观的维系和传承更为关键。曾国藩家族能长期保持繁荣的一个重要原因是曾家的家训成为家族成员价值观的定海神针。西班牙的油坊也是一样道理，把财富放到金融市场上固然更能通过投机获利，但是油坊劳作的过程能让家族后代保持一种更加积极的人生观和价值观，从而任时光流去，家族价值长存。

家族企业的身份不仅是物质财富，还是精神财富。家族企业的身份意味着声誉和形象，意味着权力和平台，意味着热烈的情感，还意味着价值观的传承。这是西班牙橄榄油坊主的大情怀。试想，在今日的中国，有多少富裕的家庭愿意让自己的子孙后代仍然用这种颇为原始的方式劳作。西班牙油坊主看似不理性的决策里，包含着人生的况味。留住初心，方得始终，我们每天在食用橄榄油烹饪的菜肴时，就可以品出那些财富家族的情怀与智慧。作为南欧手工业企业的代表，西班牙橄榄油坊启示家族企业应该拥有更大的视野和更宽广的情怀。

通过本章的讨论我们发现，家族企业可以通过不断地专注产品和商业模式，来保持良好的创新能力；也可以通过追求大量的非经济目标来实现与社会的联结，从而为子孙后代留下宝贵的情感和精神财富；如果家族企业希望更好地保护自己的财产，它们可以学习米其林家族那样的低调风格；而如果家族能够通过慈善来建立声誉并严格培养下一代领导者，他们就有机会将获得的财富转化为稳定的社会地位，从而使整个家族精英化。

第三章

家族企业与家庭

不懂得陪伴家人的男人不算是真男人。
_《教父》维托·柯里昂

我家的表叔数不清,没有大事不登门。
_《红灯记》李铁梅唱词

家族企业是一个综合系统。一个有效存在的家族企业通常需要多个子系统的相互协同，才能完成其家族性、经济性、社会性等方面的要求。在各个子系统中，最为基础的构成要素是家庭系统。家族企业作为"企业"的其他特征都从根本上受到"家族"性的影响。如果不存在"家族"也就不存在"家族企业"。

家族企业中的家族

家族企业中的家族系统是指支撑家族企业进行持续运营和发展的家庭结构，既包括特定家族在公司所有权层面上的大规模持有，也包括特定家族在公司经营权上的大范围管理。一般而言，我们讨论的家族企业通常只包括一个占有控制和领导地位的家庭结构。正式的、被法律认可的家族系统通常始于血缘、婚姻、收养关系，在社会生活过程中以亲属关系为基础构成共同活动的单位，通过家庭系统，人口、亲缘关系、赡养关系和与之相关的一系列观念得以再生产和持续演化。即使在人类步入现代生活之后，家族系统仍然是构成社会的基本单元。家族系统往往代表着最为传统和保守的观念体系，核心逻辑是家庭内部的财富和关系共享，以及成员间的无条件忠诚和按需分配。从根本上说，家族系统的结构塑造了家族企业的基本特征，即家族治理的延续性、财富与社会关系的家族共享性及行为逻辑的非经济性。

家族治理的延续性

家族治理的延续性是家族企业最重要的特征。如果第一代创业者在离开组织之后，家族成员不再参与企业的管理或在所有权上不再继续控制企业，即使该企业曾经被视为家族企业，在这一阶段也不应当再被视为家族企业。一旦提及家族企业，来自世界各地的人都会默认家族系统与企业发展的共同性。几乎所有的家族企业拥有者和研究者都会把有效的传承视为该组织所必须面对的重要问题。家族企业在治理结构上的延续性给家族企业的运营带来较大的挑战。简单来说，家族成员是否有能力和有意愿继续控制和管理家族企业是一个不确定性因素；家族成员在继续参与公司治理的情况下，能否带领组织进行战略创新，部分地或者完全地调整公司原有业务是另外一个不确定性因素；此外，家族治理的延续性并不一定能够带来家族企业在经济上的持续赢利，如果保持治理延续性的后果是经济效率上的损失，那么家族企业能否长期在所处的经济环境中保持生存是另一个不确定性因素。家族企业的治理延续性是建立在企业背后家族基本结构的延续性之上的。如果家族企业在特定时期无法完成成员的补充或再生产，家族企业很有可能发生根本性的转变。在现实中，这种情况并不经常发生，因为家族企业往往较好地保存了传统的家族观念，完成家族成员的再生产通常被视为头等大事。在多名家族子嗣中，长嗣往往具有继承的优先权。在日本等国家，长嗣继承制度的规范相对比较薄弱，家族企业一方面会采用血缘继承制度，另一方面又会灵活地采用养子继承制度，有学者将这种制度下的家庭首先看成一个经营体而非一个控股主体。

财富与社会关系的家族共享性

财富的家族共享性是家族企业另一个比较突出的结构特征。当读者在日常媒体中接触到各种类别的财富排行榜时不难发现，某些个人与某些家族都会被纳入榜单之中，例如榜单中常出现的杨惠妍家族、刘永行家族等，这意味着特定家族的财富被看成与其中特定个体的财富是等同的。家族财富的共享性有助于家族克服代理问题，促成家族成员无私地向家族事业奉献的基本格局。当然这种财富共享性也会潜在地积累家族内部的矛盾，在特定时机、特定情境下，家族共享的财富可能会进入分配阶段，财富与家族成员的关系会明晰化。

家族成员拥有的社会关系网络同样是在家族内部共享的。一系列因素共同导致这种情况的出现，但其核心基础是社会信任机制的建立。当家族企业外部的组织和人员与该企业发生经济建议和非经济互动时，关系的双方都会评估对方秉持的价值体系是否与自己的一致

（Rousseau et al., 1998；Sitkin and Roth, 1993）。当外部的组织和人员能够感知到明显的价值一致性时，他们就有理由相信这是整个家族成员共有的品格属性。其原因在于家族成员构成了一个相对同质性的被评价主体，他们拥有相似的经济地位（因为财富的家族共享性）、相似的过往社会经验，通常以一致的形象对外，且采用的经济组织形式是被认为最保守、最稳定的家族企业形式。当然这种社会关系网络的共享性并不等同于同步性，要将社会网络转移给其他家族成员往往还需要一个包含第三方赞助和成员自身合法性建立的过程。

行为逻辑的非经济性

家族系统对其中个体行为的影响，最明显的表现是行动逻辑的非经济性。这种非经济性是指家族成员在彼此互动时，通常不以利益对抗作为基本出发点，恰恰相反，家族内部的行为目标是以需求逻辑为基础的。家族成员对于某些要素的追求会在较大程度上得到其他家族成员的支持，尽管这种支持可能是以消耗家族财富和其他资源为代价的。在这个意义上，家族系统成为资源的消耗单位。需要提醒读者注意的是，这里的行为逻辑非经济性主要体现在家庭成员之间的互动上，而不是家庭成员与其他非家庭成员之间的互动上。虽然后者也会出现非经济性的状况，但这种非经济性通常是有限度的，且其行事逻辑背后对经济的计算程度远超家族内部，这两者从根本上是有区别的。

延续性、共享性、非经济逻辑构成了家族系统的基本特征。理想情况下，这些基本特征能够被传统家族结构支持。随着家族企业的持续发展，经济能力和社会地位的提升能够支撑家族规模的不断扩大。家族规模的扩大往往又为家族延续性提供了保障。包括社会网络在内的经济资源如果能够在家族内部扩散共享，将会呈现比较明显的马太效应，能够更为有效地展开经济资源和社会网络的再生产。有了充分的物质基础，非经济逻辑更有可能在更大范围内得到确认和发展。

在描述了家族企业中家族系统的基本特征后，接下来我们将讨论家族决策的基本特征——家族利益至上。相较于一般的管理者，从家族利益出发的家族企业管理者通常会优先考虑整个家族长期的和根本性的利益，这对家族企业的发展是一种额外优势。虽然这种理想的模式对于家族企业的永续发展非常有利，但始终以家族利益为基础进行决策并不容易达成，而且随着家族利益的分化，这一过程会变得越来越困难。与此同时，现实的社会人口和家庭结构变化导致中国家族企业不得不面对三个挑战：其一，传统的家庭观念正在遭遇前所未有的危机。婚姻关系和代际关系的基本特点发生了新变化，这使得过去稳定存在的家庭结构走向解体。没有稳定的家庭结构就没有稳定的家族企业。其二，伴随着独生子女政策的实行，中国的家庭结构快速走向了一对父母加一个子女的"核心家庭"阶段。尽管欧洲的很多家族企业也经历了这一阶段，但往往都发生在家族企业的第三代，此时的家族企业已经非常成熟。其三，由于独生子女政策和新的社会观念的影响，越来越多的女性管理者成为家族企业的继承人，从社会发展和现代性演进的角度，这当然是可喜的变化。但由于当前社会的观念系统和激励机制还不能完全匹配这种变化，女性管理者在带去新的风格和影响的同时，可能不得不面对额外的对她们个人和组织的挑战。

家族利益至上

家族企业观念系统的基本起点是家族利益至上。这一观念的基本含义是指家族企业在做决策时，通常优先考虑的是整个家族的利益，而非个体的利益。在家族企业中经常能看到局部的、短期的、特定主体的利益让位于整体利益和长远利益的情况。家族文化能够保证企业在较长时期内做到这一点，是家族企业独特竞争优势的一种来源。当然这一点并非总能实现——所谓人心隔肚皮，家族成员内部也会存在利益的分化。随着企业规模越来越大，参与人员变得越来越复杂，利益相关者越来越多，在局部的公司政治和利益驱动下的决定可能会越来越多地违背集体利益。在某些情况下，这种目标的不一致性会导致战略方向的分离，从根本上削弱企业，进而使得家族企业解体。但正是慑于这种状况的灾难性后果，很多家族企业经常以此为戒，企业的第一代缔造者在走下舞台前，也会着力优先理顺家族内部关系，保证家族利益至上的文化观念能够渗透到第二代人的观念体系之中。

家族利益至上的三个命题

家族利益至上这一观念在内容上可以拆分为三个重要的命题，在现实中这些命题相互渗透，相互影响，直接体现于公司的基本表现之中。本部分将在分析三个命题中区分彼此，以便读者能够更具体地思考家族利益至上在家族企业文化中的作用。

第一，家族企业的基本决策单位是家族，而非个人。

如何让家族整体的（预期）利益最大化是分析和理解家族企业决策的一把钥匙。近年来兴起的女权主义思潮经常批评传统的经济学视角将决策者看成隔绝社会关系的、理想化的独立个体，是对现实决策问题的一种巨大偏见和误解。把这种观点应用到此处同样有其合理性。现实中的家族通常不只投资和运营单一企业或单一产业，他们在完成特定的战略选择时通常是从集团政体的角度看问题的。有些看似非常不理性、不合理的决策，如果放到家族的层面来思考，就立刻变得合理起来。事实上，很多家族企业都有意隐藏名下的多个业务，从而有效地隐藏财富，避免带来不必要的漏损。这也从某个侧面解释了为什么很多非常成功的家族企业并不愿意让名下的公司进入股票交易市场公开交易。

在20世纪的很长一段时间里，经济学家和管理学家都未曾关注到这一点，他们经常质疑家族企业能否在他们观察到的"非理性行为"反复出现的情形下，仍然保持竞争力，从而在长期发展中生存下来。例如交易成本经济学就倾向于认为家族企业保持集团制是一种无效的制度安排，集团内部的科层制管理成本太高，远高于将一部分内部交易关系外部化到市场上带来的交易成本。直到20世纪八九十年代，学者们通过对东亚地区家族企业的深入研究才发现，家族企业以家族利益为基本决策单位,做出了持续的理性选择。事实上,由于家族企业没有上市公司那样的代理问题,家族成员不在乎一城一池的得失,从而更为有效地管理名下的财富,且促成公司在战略上的长期成功。

第二,家族利益的实现形式多样,既包括经济的,也包括非经济的。

贯穿家族企业文化观念的另一个重点是,要最大化家族的利益,并不能只关注那些经济要素,还要关心非经济要素,例如与当地社区的共生关系,与重要利益相关者的社会网络,家族的长期声誉与社会评价,等等。有些学者对此提出了社会情感财富理论(Selznick,2011),该理论把家族追求的财富分成两个不同的账户,一个是传统意义上的财富账户,另一个是以社会情感为尺度的财富账户,企业的财富积累行为可能以两种形式展开。当然这种二分法还是很容易招致观察家和学者的质疑:他们想知道所谓的社会情感财富能否真的对家族企业有利,可否有效转换为经济意义上的财富。他们还开发了一系列概念来指出其中的无效性因素,比如"黏性的社会网络"和"观念社区",前者强调在家族与特定对象建立的社会网络已经变得无效率的情况下,家族仍然因为长期的情感和信任,不无固执地继续与该伙伴交易,从而被黏着在无效率的社会网络上;后者强调家族成员在家族的大背景下互动,彼此之间观念的相似性越来越高,从而无法看到其他有益的建议和有可能发生的市场环境变化。在此,作者并不急于对这种理性观念是否有益做出规范性判断,因为家族的效用函数终归是其自身情况的综合反映,没有深入理解特定情境下的家族状况不可能做出有效的判断。同时，家族是否真的在经济体系中扮演了无效率的角色本身也没有获得大量的数据支撑。事实上，以我们日常的经验来看，家族企业因为使用和处置的是自己的资产，所以往往更加谨慎。

第三，家族利益至上本身具有符号性的功能，能够帮助特定行为合法化。

作为一种核心家族价值，"家族利益至上"能够直接影响家族企业进行"符号性行动"，即在组织内部的大量活动将被冠以或者解释为对家族利益的追求和实现。基于最为经验化的理解，现实中很有可能出现的情况是，打着为家族利益最大化做出努力的旗号而行伤害家族利益之实。但由于其符号意义上的正确性，肇事者往往不会受到过重的惩罚。对于家族企业，这是一种危险的信号，因为这种行为无论从一般企业意义上的"理性"还是从家族企业内部根据自身追求设定的行事逻辑来看，都是得不偿失的。这种情况的出现往往伴随着家族企业规模的扩大，原有的控制手段无法监控家族内部成员的行动，且内部利益的分化导致了不同派系的出现。对于家族企业的管理者，如何设定一种长期的家族文化，从而将符号性的行为和实质性理性的行为相结合，从而更好地达成家族利益最大化是一个需要进一步关注和思考的命题。

上述三个命题概括了家族利益至上的三个基本方面。首先，家族利益至上会将决策的参考点推到家族这一分析单位上。其次，家族的利益不仅仅局限于经济利益，还包括非经济利益，其结果是组织内

"理性"和"逻辑"的实现形式不同于其他企业，进而影响决策的过程和结果。最后，家族的利益本身会构成一种符号，有些打着实现家族利益旗号的行为可能完全与家族利益相背离，这需要管理者以智慧和经验更好地塑造企业文化，减少这种名与实不相符的状况。

家族企业文化系统的稳定性

家族企业的文化系统本身具有比较强的稳定性，这种稳定性来源于家族企业对于一系列要素的承诺。正如20世纪最伟大的组织思想家之一菲利普·塞尔兹尼克（Selznick，2011）所说，这些组织做出的承诺将在极大程度上塑造组织的"性格"，从而整体地塑造其组织身份，影响组织的行为方式和行为结果。这些承诺至少包括如下四个重要方面。

第一，组织人员的任用和雇用相关决策。

企业人员的选用不仅仅是一个技术上的决定，而且是对选用人员的个体人格和思维方式的承诺。任用一个营销导向的管理者与任用一个成本导向的管理者，将会给他领导的团队带来行事方式上的根本差异。伴随着人员级别的提升，对其非技术要素的考量将变得更为重要。例如对于曾经担任过首席执行官的人员是否适合担任首席执行官的讨论就是这一问题的现代变体。在家族企业中，家族的长期拥有、控制、管理都是对组织人员管理实践的基本设定。这意味着某些文化规则一旦被家族有目的或无目的地设定之后，将会得到高层管理者的持续支持。那些被认为从根本上符合家族利益的行为，包括持续地与特定的利益相关者发生互动关系，如何看待企业过往取得的成就，公司未来的文化环境会激发人们怎样的持续反馈，等等，都会被反复地强化和强调。

第二，组织人员的社会化过程，特别是家族高管的社会化过程。

即使是在最成熟的企业中，管理者也不可能将所有行动都路径化和常规化，所以不可避免地会存在组织人员根据实际情况进行决策的情形。在这一背景下，组织人员的社会化过程显得尤为重要。对于新的商业政策，特别是那些容易招致公司内部既有政治力量阻扰的商业政策，只有组织内部高度社会化的力量才能进行实质上的推动。鉴于家族人员有持续进入组织高层的倾向，对他们进行训练和社会化的一贯方式将产生比较持续的影响。现实中家族企业管理者社会化的三种基本方式是：在外独立训练培养后与组织业务融合，进入组织后进行训练和考察，较少培养且直接担任重要职务。对于新管理者，这三种方式的困难程度依次递减，但所树立的管理者个人形象和合法性则依次递增。不管选择哪种方式，都将持续为家族文化系统提供一种自我再生产的动力。如果家族企业倾向于在外部训练其接班人，则容易塑造一种比较有张力，但能促成持续创新的组织文化。其原因在于内部既有业务上的人员和资源并不能安于现状，而时刻处于有可能与外部培养的继承者重新匹配的可能性当中。如果家族倾向于在内部训练其接班人，但并不完全承诺其接班，容易塑造一种内部稳定，但可能面对高级管理人才持续流失的组织文化。因为家族继承人与外部进入的经理人相互竞争，很容易导致外部经理人的心态失衡和身份危机，但其好处是不存在阶段性的内外融合难题。如果家族企业采用最为原始的直接任命的社会化方式，则非常容易塑造一种公平感知较低的文化，并且在一定程度上带来各个层面上管理者的代理问题。

第三，家族企业内部分化的利益如何融合或如何在特定时期达成整合。

随着家族企业的发展，特别是在多名家族成员同时担任要职的情况下，家族利益不可避免地走向分化。相对于非家族企业，家族企业中利益分化后产生的互动或博弈关系更为复杂。这种复杂性首先在于，虽然也会经历相互博弈产生的矛盾，在个别情况下还会因为前期贡献的不可区分性将情况进一步棘手化，但由于血缘和亲缘的关系，又有多种分化利益群体再联结和再组合的可能性。这种复杂性还在于家族利益层面上的最大化可能是以牺牲局部利益为代价的，如何保证这种局部的利益格局不会影响到整体的和谐与一致，是一个微妙的充满艺术化手段的过程。由于这种互动-博弈关系的复杂性，包括家族企业的最高管理者在内的进行分析和决策的主体通常都不能保证对于一些未预测到的后果的承受力。家族文化在此又一次成为某种意义上的行动和观念系统的黏合剂——在特定的时期，它统一了不同利益格局，将家族企业引入一个更为持久和有效的境界。

第四，家族企业与其他组织的一致行动或共谋。

家族企业生存于商业环境和社会之中，构成一个高度开放的系统。企业在不断与环境进行资源和信息交互的过程中，会与很多组织建立起相互依赖关系。对一些学者，这种依赖关系被视为公司失去对自身系统完全控制的一种因素。但对于一些秉持制度主义视角的学者，这些依赖关系同样可以看作家族企业的文化系统对于重要利益相关者做出一系列有效承诺的重要载体。当一个家族企业持续地与它的某个商业伙伴重复发生关系时，这一关系就具有了很强的结构性的特征。例如南欧西班牙的橄榄油作坊会向其经销渠道方面的伙伴做出一组承诺，保证后者在很多情况下还能持续获得供货，这就会将二者的文化关系塑造为一种高度的共栖关系。当未来这些橄榄油作坊想要做战略方向的变革时，它们不仅需要在家族内部达成共识，还需要知会乃至获得其交易伙伴的支持。事实上，这种共栖关系是如此之稳固，以至于企业在做决定时不得不把交易伙伴的利益纳入决策过程之中。

家族企业对于家族人员任用的稳定性和一致性，以及它们在内外部不断得到强化的分化的利益关系，使得家族企业的文化充满了稳定性。同时，从我们的分析也可以看出，家族企业文化本身是历史的产物，随着组织的发展壮大逐渐丰富且稳定下来。也正是因为这个原因，每个家族企业的文化系统都会有所差异，其差异性会直接影响该系统的功能发挥。尽管如此，作者仍然想重复一条重要的规律——管理有规律，管理无定式。虽然组织文化充满了差异性，但在理论和统计意义上，它们仍然拥有巨大的同质性，在下文中读者将会看到这种同质性是如何与我们时代的基本文化特征联系起来的（Rao et al, 2003）。读者将发现，社会发展演化的特点将直接塑造相对稳定的家族企业文化系统，从而促成文化的动态性发展。

传统家庭观念的危机

正如上一节所说,家族企业的稳定性部分源于家庭文化系统的稳定性。这一文化系统以家族利益至上为基本内涵,表现在决策单位、理性逻辑和符号运动三个层面上,且通过其人员的纳入和社会化,分化利益的整合与共同行动得以持续进行。对家族企业文化稳定性的分析既可以解释家族企业整体上长期呈现的稳定文化特征,又可以反过来解释近年来其文化系统发生的突出变化。我们可以看到,近年来经济和社会的发展演进使得一些能够维持其文化稳定的要素都有不同程度的松动。某些松动是极端的,可能会直接改变我们对家族文化系统的理解。总体上说,这种文化动态性是自上而下的,家族内部文化的变化通常都离不开外部环境变化的催化作用。

传统家庭观念的离散化趋势

当代文化带来的第一个影响首先是传统家庭观念在近年来出现离散化或者解体的倾向。这种倾向的表现形式多种多样,比如越来越多的离婚和再婚现象,年青一代的晚婚、不婚或者独居现象。这种趋势是全球性的,而且往往在经济和文化发达的地区表现得更为明显。伴随着中国整体经济的腾飞、生活方式的现代性转型,传统家庭观念难以为继的现象正表现得越发明显。对于家族企业而言,其直接后果是所谓的家族利益最大化有可能变得非常不切实际。皮之不存,毛将焉附？当家族企业的基本结构是至多三人的后核心家庭的累加时,家族企业背后所要保卫的家庭利益是悬挂在极为不稳定的结构之上的。当然我们也可以很容易地观察到传统家庭为此做出的自保性行动,包括督促子女较早进入婚恋状态,对内强调家庭价值的神圣性,甚至直接调用财务资源激励家庭结构再生产(例如有些家族企业的第一代会在第二代产下子女时给予令人咋舌的财务补贴)。从一个务实的角度讲,这些措施当然是有效的,能够激励家族成员沿着父辈设定好的路线行动。但从更根本上讲,这些措施想要引致的终极家庭价值并不能从中获得好处。事实上,越是将家族观念的神圣性从文化传统中抽离,进而纳入俗世要素可以干预的过程,这种家族观念就越难以为继。在弗朗西斯·科波拉导演的经典电影《教父》中,他展现了商业社会中家庭的价值。作为最后值得守卫的堡垒,家庭带给人们可以托付的神圣感和幸福感。但是伴随着时间的流逝,维持家庭已经变得越来越困难。对于家族企业,这种家族观念的解体构成了一个根本性的挑战,虽然这种挑战并不总是清晰可辨,人们似乎也尚未因此忧虑过度。但在不远的未来,一代或者两代人之后,种种因此而衍生出的企业问题就会大批量地出现。同样,这也并不只是对中国家族企业的挑战,在其他发达经济体中,这一问题的后果也将逐渐浮现出来。

代际关系变化

当代文化给家族企业带来的第二个巨大挑战是它正在形塑一个

前所未有的两代关系。今天的两代关系正在变得前所未有地开放和灵活。所谓君君臣臣父父子子的关系，在新文化运动中受到批判之后，没有再原封不动地出现在我们的生活当中。但事实上，这种观念的各种变体以文艺作品、社会逸闻、民间故事和家庭价值的方式存在于第一代中国家族企业之中。各种教化工具都以不同的形式在不同场合确认了这种观念的存在。但这种观念正在经历明显的松动，最可见的事实就是包括宗庆后、刘永好等中国最杰出的商业巨头与其子辈的关系。凭借国际化视野和所受的综合性商学教育，以及以知识精英为基础的社会网络等条件的加持，子辈获得了前所未有的话语权。这一代年轻人不再驯服地接受家族文化的规训。马云被越来越多的年轻人称为"爸爸"，这一方面说明特立独行的创业方式和优异的创业成果对于年青一代有多么巨大的吸引力，而且这种吸引力通常意味着对父辈努力方向的冷思考；另一方面也说明父辈的文化和符号价值不再至高无上，父辈随时可能成为子辈揶揄调侃的对象。

父辈不再享有绝对的权威和尊崇，子辈竭力成为新的"梦想者"，跳出原有文化期待，这会对家族至上的观念产生深远影响。首先，子辈是否应该接受家族利益至上的观念就值得打上一个问号。对他们中的很多人而言，建立自己的商业帝国似乎是更有吸引力的选择。这同样是一个全球性的趋势：欧美地区很多运营良好的家族企业都在思考"千禧一代"——通常被认为是无法管理的一代人——是否还愿意加入家族企业。在管理学的研究中，对于"身份"的研究前所未有地吸引了大量研究者的注意力,这充分折射出这个思想解放的年代,人们对于自我指涉投入的关注。其次,即使子辈愿意接受家族利益至上的观念,他们是否愿意挑这个千斤重担仍然是值得怀疑的。他们可能认为自己的某些行为虽然不能被父辈理解,但仍然在非经济层面为家族利益做出了贡献。洛克菲勒家族的一名成员就曾经在20世纪60年代陷入对非洲文化和艺术的追求中不能自拔。他后来孤身前往非洲,再也没能回到家中,他的消失至今仍然迷雾重重。如果第二代人并不愿意接过父辈的枪,恐怕维持家族系统稳定的前两个因素——人员的进入和管理者的社会化都无从谈起。最后,即使子辈愿意接班,进入家族生意的运营中,他们对如何能最有效地最大化家族利益可能有非常不同于以往的看法,组织内部分化的利益团体和组织与外部利益相关方建立起的长期互动关系可能被重新塑造和整合。这种情况既是对原有利益持有者的重大威胁,也是对继承者们合法性的挑战:成功则其威信可以树立,企业也有望从所谓黏性的社会网络中跳脱出来;失败则合法性面临危机,且原有的组织性格和组织身份会被他人重新审视,从而带来新的挑战。

基于婚姻的家族关系出现波动

家族企业长期被忽视的一种家族关系就是创业夫妻和他们所代表的两个家庭的再组合。之所以被忽视可能与传统家庭观念中,夫妻关系长期存续且较少波动有关。但近期大量的社会新闻为我们上了生动的一课，例如亚马逊创始人杰夫·贝佐斯与多年结发妻子离婚之后产生的一系列经济、法律和公司控制问题。虽然这段故事最终以皆大欢喜的结局收场，但这并不能促使我们相信大多数企业家在面对婚姻困境时仍能有效保持其企业的稳定。鉴于中国绝大多数的家族企业都隶属于缔造者，经过财富、地位和声望加持的他们更有可能在私人生活出现变动时，其基于婚姻的一系列紧密的家族关系更容易受到影响。这种情况在第二代人身上同样看不出任何得到缓解的趋势。由于第二代人中的很多人含着金汤匙出生，他们对于财富和地位的感知更为自然，也更擅长运用这种资源。欧美社会的很多家族企业对于子辈的婚姻关系可谓"严防死守"，一个重要原因是防止出现所谓的"淘金者"，即那些以美色骗取富二代财富的人。为了控制风险，第一代人还有可能越俎代庖地为第二代直接指定婚姻对象。虽然这种实践在很多情况下都证明有利于家族企业的管理和稳定，但其对于子辈的个人意志是明显不够尊重。伴随着两代关系变得越来越松散，这种行为的成功率正在下降。

基于婚姻的家族关系正在面临越来越大的风险，这种风险与前面讨论的两种风险经常交织在一起。它对家族文化系统最大的挑战在于可能直接制造出分裂的体系和持续的动荡。对于第一代，婚姻关系的破裂可能直接导致家族企业的解体。对于第二代，他们的婚姻关系将在暗礁与险滩中缓缓前行。为了避免这一问题的出现，父辈以身垂范的作用不可忽视，家族企业的传承也不应只满足于解决家族成员和企业的匹配问题，还需要解决家族成员和非家族成员如何通过姻亲建立关系的问题。

总之，传统家庭观念面临离散化的风险，两代关系的约束性不再强大，以婚姻为基础的家庭关系正面临越来越多的挑战。这些共同构成了家族文化系统面对的问题。作者对此做出的分析，一方面是出于更好地理解今天家族企业现实状况的目的，另一方面也是为管理者敲响警钟。接下来，作者将提供一个具体的案例来分析现实中家族企业面临的实际问题。

家庭文化系统危机及其管理后果

在现实的企业实践中，传统家庭观念的离散化风险、两代关系的不确定性，以及婚姻关系的波动都有可能给企业带来灾难性的后果。如果家族企业因为观念和文化因素的变化，不能围绕最大化家族利益做文章，通常会带来企业经营上的恶劣后果。在此，作者以著名的"真功夫"案例为基础，具体分析家族关系提供的独特竞争优势，以及随着企业发展出现的问题，进而讨论其对中国家族企业带来的独特启示。

基于家族关系的商业模式

中餐的标准化运作一直是餐饮领域难以解决的问题。而真功夫集团早在1999年就完成了高度的标准化，当年它的标准手册多达厚厚的9本，对每个运营细节及岗位操作都制定了详细的标准，每个员工都要按步骤严格执行。标准化的结果是顾客从点餐到领取食物只需花80秒，而这种优势使得真功夫在短短不到两年的时间里通过连锁迅速扩张，成为第一家突破百家连锁店的中式直营快餐企业。

之所以能够完成这样高效率的标准化运作，我们就不得不提以婚姻关系为基础带来的家族关系优势。早在1990年，真功夫的创始人之一潘宇海就在广东东莞建立了著名的"168甜品屋"（后改为"蒸品店"），主营甜品、粥品和汤粉。1994年，为帮助处于困境中的姐姐和姐夫，潘宇海拿出168甜品屋50%的股份给蔡达标、潘敏峰夫妇，蔡达标夫妇出资4万元，各占25%，并一道参与经营。公司由潘宇海负责全面管理，蔡达标负责前厅待客，潘敏峰负责财务和采购。这种无私的合作建立在以婚姻为基础的家庭观念结构之上，主动地成为命运共同体，他们希望通过互相合作来实现家族利益的最大化。

1997年，当潘宇海与蔡达标在东莞某制衣厂参观时，他们偶然发现了一款蒸汽炉。据此，厨师出身的潘宇海提出了蒸柜的整体设计思路，并邀请华南理工大学教授在此基础上研制出"电脑程控蒸汽柜"等一系列设备。这一设备的研发成功，实现了中式快餐的标准化、规模化加工。于是餐厅于1997年底扩大规模，几个股东共同注册了"双种子饮食公司"，股权结构不变，潘宇海担任双种子公司董事长、总经理、法定代表人。经过几年的发展之后，家族内部逐渐认识到加速发展的重要性。2003年，蔡达标与潘宇海做了一次深刻的交谈，蔡达标提出担任公司总裁的要求，但承诺轮流承担，每五年换任一次。潘宇海基于对蔡达标策划才能的认可，从公司全局利益出发，让位给蔡达标，自己则以副总裁的身份承担起全国各地门店的开拓工作。2004年，经过知名策划人叶茂中的建议，"真功夫"新品牌得以启用，整体上的"蒸"文化和李小龙广为人知的形象促成了公司在全国范围内的大发展。此时，公司依然由潘宇海占双种子股权50%，蔡达标、潘敏峰夫妇各占25%，大家商定潘宇海负责企业内部管理，蔡达标负责外勤事务，潘敏峰负责资金管理。

家族关系及其文化观念引致的隐忧和矛盾

在此阶段，家族关系仍然起到重要的调和作用，潘宇海相信姐夫蔡达标的能力，也相信他做出的五年轮岗的承诺。他虽然因为担忧品牌资产的贬值，最初并不愿意公司从"双种子"转变为"真功夫"，但最终还是被说服，采用了蔡达标主导的变革策略。蔡达标则因此大大强化了其在公司中的地位——他主导的战略决策起到了立竿见影的效果，员工普遍认为蔡达标的经营才能要强于潘宇海。"蔡达标总裁在员工心目中是公认有远见、有魄力的企业领导人，而潘宇海副总裁则是人缘好、踏实专注地把公司后勤事务做好的大内总管。"这是真功夫以前的老员工对二人的突出印象。伴随着这种观念的产生，公司内部的利益分化也逐渐清晰：能带领公司扩张的总裁是一些员工的贴心人，因为他并不直接管理运营过程；而看似人际关系良好的大内总管，实际上因为其与执行层面的人员直接打交道，无形当中引发了一些人的看法。而公司切分股权的方式很容易让内部的利益分化成对立的态势。蔡系人马先后控制了真功夫内部的"肥缺"：其弟弟蔡亮标垄断了真功夫的电脑供应；大妹妹蔡春媚掌控真功夫的采购业务；大妹夫李跃义垄断了全国门店的专修及厨具业务；小妹夫王志斌垄断了真功夫的家禽供应。

这种分裂在2006年蔡达标与潘宇海的姐姐潘敏峰婚姻感情破裂之后变得剑拔弩张。为了争到儿子的抚养权，潘敏峰放弃了其持有的公司25%的股权，蔡达标与潘宇海各自掌控公司50%的股份，蔡氏和潘氏对公司控制权的暗斗也正式拉开序幕。在2007年引入知名风投并且将公司的战略目标定为上市之后，公司进行股份重组。在资本运作中，蔡达标通过间接持股的手段，成功控制了公司。此时他提出了所谓"去家族化"的口号。一些观察家指出，这一措施本质上是意图排挤与潘宇海关系密切的管理人员的"去潘化"行为，而蔡家的关联交易不仅没有被切断，反而不断增加。潘宇海在董事会上明确提出应当限期清理关联交易，蔡达标表面上同意并向董事会写下书面保证，但背地里却叫其兄弟姐妹换个"马甲"继续做供应商。从家族文化的角度看，这种义正词严的符号化行动看似是为了促成公司的长期发展，最大化企业的利益，但实际上只具有旗号上的真实性。作者提醒读者注意的是，在家族内部利益矛盾激化的时刻，以物质资本为基础的竞争固然重要，但以符号和修辞为核心的竞争同样不容忽视。谁占领了舆论的制高点，谁就有可能在短期内获得巨大的优势。

在接下来的几年，曾经是同一个家族的潘蔡两人分道扬镳。特别是经过中间一系列颇具政治意味的子品牌运作、融资闹剧和多次的正面冲突之后，二人的矛盾激化到不可调和的地步。蔡在此期间进行了一组非常规资本运作，试图掠夺性地获得公司的控制权。但 2009 年 3 月他婚外情的曝光打破了他的计划。一位贵州籍女子胡某称其与蔡达标相处 11 年，并生有一子，现年 9 岁。随即蔡达标的前妻潘敏峰提起诉讼。2011 年 4 月，蔡达标及其胞弟和妹夫等人因职务侵占罪等罪名被捕，并于 2013 年 12 月被审判入狱。潘宇海如愿以偿地重回董事长职位，并重新控制了真功夫的日常管理，但此时企业的竞争力却在迅速衰退。在这一过程中，我们看到，蔡达标的婚外情事件反映了家族企业在婚姻关系中比较薄弱的一面。一旦原配夫妻无法持续其婚姻状态，企业就有可能走向分裂。同时我们也可以观察到，家族企业内部分化的利益关系将会裹挟着相互对立的主体逐步走向完全的对抗。

维持良好家族文化关系的启示

一个看似前途不可限量的家族企业在经历家族关系的动荡之后，错失市场机会，迅速走向衰落。作者想通过这一案例启示读者，家族企业需要随时关注其文化观念系统所支撑的家族关系系统，看似平静的海面下可能存在着波涛起伏的动荡因素。

首先，家族利益的最大化建立在家族仍然能保持稳定的基础上。而现实的宏观文化环境有太多要素可能导致家族观念的解体，特别是当代人对待婚姻态度发生的极速变化。如果案例中的蔡达标没有发展那次婚外恋情，或许他与潘敏峰的婚姻就不会解体，也不必掏空公司，从而落得身陷囹圄的境地。与此同时，为了防范家族的解体，尽可能早地设立正式规则，将企业的运营纳入常规化和规范化的轨道上去，是一种使用正式制度（法律法规和正式文件）来弥补非正式制度（家族制度）不确定性的有效手段。

其次，家族利益的最大化可能会成为一种重要的符号化资产，从而被人们当作工具使用。一些家庭成员在描述和合法化自己行为时，会调用这种文化工具和策略。如果家族企业管理者不能够有效区分什么样的行为真的有利于家族企业的利益最大化，什么样的行为只是从形式上使用这套话语体系，则很有可能扰乱家族内部正常的运营和公平。要应对这一问题，家族企业的管理者首先要保持一个分析性的头脑，即使家族内部并不是优先讲求计算和理性，也不能须臾放松自己的考量。同时，家族内部最好成立一个正式的委员会，能够持续地评估公司的利益和其实现形式，拿出有效的评估体系来应对这种带有投机性的机会主义行为。

最后，家族企业中的文化观念系统是内嵌在整个社会的文化观念系统之中的，它不可避免地要受到上层文化结构的渗透和影响。家族企业虽然能够利用自身局部的文化进行抵抗，但这种抵抗并不总能产生效果。如何应对这种情况，当今学术圈还未得出有效的方法和优化的路径，作者也不能直接给出一个灵丹妙药式的策略。但总体上来说，这仍需要家族企业的管理者，特别是第一代缔造者拥有杰出的战略性眼光和极端的敏锐性，能在第一时间察觉宏观文化对于家族文化的渗透，并积极给予干预。这种战略眼光和敏锐性通常被认为来自较强的学习能力和战略柔性（Mintzberg and Waters, 1985）。对此，我们也将在后续的章节中继续讨论。

从家族到家庭：单一继承者时代

家族企业的英文表达是 family business 或 family firms，family 一词在英语国家的语境中，既可表示家族又可表示家庭。但在中文环境里，这两个概念是有区别的，"家族"包含"族"的含义，通常暗示多代人生活在共同的社会单元之中，这种共同生活又带来了一系列规范上、道德上的软性要求。而家庭则通常是指单个家户中的成员构成的基本生活和生产单位。当我们谈及家族企业时，一个大家族内很多人员参与到公司的治理和管理过程的形象会跃然纸上。但这种形象正在减少，因为人口结构的变化，支撑家族企业的不再是传统大家族，而越发可能是新型的小家庭。家族企业正在进入所谓的"单一继承者时代"。

父母加上独生子女构成的新型且小型的家庭结构塑造的家族企业是完全不同于基于大家族结构的家族企业的。从积极的一面看，独生子女最大限度地避免了同辈之间竞争带来的负面效果，减少了上一代在不同子女间分配资源时举棋不定所带来的烦恼，同时间接提升了女性在家族企业中的地位及其在管理工作中的参与度。与之对应的是，在将家业托付给唯一的孩子时，增加了无法避免的风险。从最基本的统计规律上说，成功家族企业中父辈的创业精神和创业能力通常远高于同时代其他人。在第二代身上，这种精神和能力大概率会出现向平均值回归的倾向，即使父辈已经在一个颇为全面的传承计划中，为第二代设置了完整的发展路径和充足的资源。所以大概率上，独生子女统领的第二代家族企业很难达到第一代家族企业家那种原创性和战略前瞻性。当第二代无法胜任工作时，一种制度安排是为他们在公司中提供"象征性"的职务，而运营过程转交给职业经理人，但这种情形是让很多家族企业拥有者感到不安的情形。另一种制度安排则是直接将企业变现，将家族财产最终转化为子辈小家庭的流动性资产。从企业品牌和可持续性上说，这种情况同样让人担忧。在接下来的内容中，作者将仔细讨论家族企业进入单一继承人的时代应该从哪些方面着手，减少公司可能出现的问题。

公司治理过程中的权威体系管理

一个成功的公司治理体系的建立，既包括完成经典商学院教科书上描述的创立完整的正式规则，将博弈行为纳入确定性轨道，明晰权责的一致性，又包括正式制度层面上的一系列建设过程。对于这些非正式制度，最为重要的要素是内部权威体系的建立。在家族企业第一代人建立起整体的组织结构、框架和过程中，这种权威体系以一种自然而然的方式建立起来：创造者承担可能血本无归的风险，做出最重要的公司决定，持续作为公司的核心人员存在，且与重要利益相关者建立起合作关系。对于家族企业的第二代，他们的权威则远没有如此自然。虽然他们进入组织时可以利用父辈在资本所有权上的优势建立起自己在正式组织体系中的位置，但这一位置并不一定能在非正式体系中获得充分的支持。能否证明自己能够对组织的命运，特别是组织中成员的命运做出长期承诺；能否证明自己能够获得公司重要利益相关者持续性的支持，或者能否更新双方持续性的合作关系；能否在组织遇到重大困难的时期保持足够的韧性，将组织重新调整到正常发展轨道上，这些都构成了权威体系构建的内容。独生子女面对的额外挑战在于，由于他们不存在竞争和对比，似乎位置得来得过分容易。同时，传统的经验告诉人们，独生的子辈往往很难理解其父辈彼此之间略显微妙的权力关系和互动模式。新官上任三把火的时刻，这种不理解可能会使他们做出一些新的、未经考验的商业政策，从而打破组织内部原有的平衡。独生子女作为企业的继承人，可能一上来就会面对不被信任的处境。

要建立起信任，并由此树立新的权威体系，有几个可行的方向可供家族企业参考。首先，父辈要在自己仍然在位时，尽早解决和清理那些复杂而微妙的内部利益集团或者"山头"。利用上一代充足的威信来为下一代保驾护航，扫清障碍。这一做法并不意味着直接铲除原有势力，而更多是将原来非正式的沟通和利益表达转移到正式的制度和互动渠道上去。如果使用财富和职位就能够区分清楚权责关系，哪怕付出代价也要尽早区分清楚。用理论化的语言来表达，就是要抓住机会窗口，用正式的制度来代替非正式的制度。其次，子辈要尽早通过一系列符号化、仪式化的行动，表达自己对于当前公司历史的尊重，对于企业持续发展的本质性承诺，并借此建立自身在权威体系中的位置。即使是在高度现代化的管理情境中，符号和仪式的作用仍然不可忽视。举例来说,美国的职业篮球联盟本质上是一个大的商业组织,当任职多年、将该联盟打造成世界范围内商业化程度最高、最为现代化的体育联盟的总裁大卫·斯特恩确定要离职之时,他用在位的最后几年时间,竭尽全力地向整个联盟乃至全世界范围的商业伙伴介绍其继任者。他们两人同时出现在所有重要的仪式上,通过这样的仪式和符号,缺乏权威的继承人将在官方叙事中获得自己的位置,在众多观察者注视下确认其对于公司事业的承诺。最后,第二代要尽早与重要利益相关者建立联系,特别是涉及公司上下游的直接交易对象。如果可能的话,在第一代尚处于盛年之时,第二代就至少局部性地参与这一关系过程。这种策略对于建立第二代权威体系的好处是:一方面,可以培养第二代与利益相关者的熟悉程度和相互承诺,从而在他们进入组织急需建立权威时能够获得充分的外部支持;另一方面在于,当与上下游出现矛盾时,由父辈坐镇、子辈应对的模式很容易将两代人同时融入公司发展的关键时刻,借此子辈可以在随后的历史进程中解释自身存在的合理性。

子辈衍生家庭的发展

作为独生子女的第二代,其恋爱和婚姻状况同样备受公司瞩目。通常人们的看法是,那些能够在合适的时间和时机,与合适的对象建立伴侣和婚姻关系的继承者通常为更可信赖的管理者,对公司长远的稳定和发展会起到定海神针的作用。与此同时,家族如果能够通过婚姻关系，引入新的人员和资源来充实原有商业体系，家族企业的进一步发展就有可能获得新的动力。即使从最为务实的角度看，仓促鲁莽、未经考验的婚姻关系一旦建立，将给公司的稳定带来很大的隐患：失败的婚姻关系会消耗当事人的个人精力和人力资本，折损已积累的家族财富，损害其在公司有关人员心中的社会评价。考虑到这些要素，继承者的婚姻问题很难被看成一种个体行为，而更多地被看成一种家族或组织行为。

作为独生一代的子辈建立自己的衍生家庭虽然有其重要性，但现实中却很少有成熟和优化的路径来帮助他们完成这一过程。宗庆后的女儿宗馥莉在接受媒体采访时表示自己直到采访之时（30岁）仍然没有谈过恋爱。记者在惊诧之下评论道："家里太有钱了，后果之一就是难以分辨追求者的动机，似乎每个接近她的人都想和她谈生意。"这位记者的评论可谓一针见血，家族企业的独生子女拥有大量的财富，却无法信任某个人，他们可能逐渐发展出对整个婚姻制度的怀疑，从而不愿意做出尝试乃至孤独一生。我们也能观察到一些企业家在他们的企业或者合作伙伴的企业中为自己的子女寻觅伴侣，用一种古老的方式安排子女的婚姻。经过父母把关的伴侣选择当然更容易适应整个家族和家族企业的发展，但它仍然存在明显的问题：一方面在于这种制度在名义上是一种非现代的方式，子女未必愿意接受，而且在接受之后父辈还要因此承担额外的责任；另一方面，从企业长期发展和战略创新的角度看，这种婚姻方式实际上是对现有战略和经营方式的一种自我加强，如果家族企业想要做出根本性的变革，这种婚姻模式本质上是为自己增加新的阻力。此外，如果父辈并不想子女的伴侣也加入公司的运营当中，这种方式就很难奏效。

虽然如何帮助或引导子辈寻找人生伴侣尚未被管理理论充分讨论和理解，但心理学专家仍然能够提供一些简单的原则来指导父母双方的行为。首先，父母在教育子女的过程中能否成功地传达有益的人生价值观念会起到基础性的作用。我们很容易就能观察到，那些平等融洽、相互尊重、共同扶助的父母关系通常能够通过非言语的方式，有效地传递到子女身上。因此，如果父辈能够成功借用家庭运营企业，通常不必过分担心，子女能够在潜移默化中重复已经被父母证明过的有效相处模式。已经内化的价值观将会引导子辈避免那些婚恋关系中潜在的问题和风险。其次，子辈的婚姻有其正常的节奏和规律，在全球性晚婚晚育的大背景下，父辈要尽量保持耐心，减少焦虑感。即使子辈有某些失败的恋爱关系，只要在合适的时刻给予适当的指导和帮助，这一过程反而非常有助于子辈正常的社会化和达到人格的成熟。再次，衍生家庭的内部事务最好交由当事的伴侣双方来处理，在未被请求提供帮助时，父辈最好保持一种超然的态度。这种态度的基础是价值观已经成功地内化于子女。当然，父辈并非不能干预，但在干预前要充分评估直接和间接后果，而且在干预过程中要注意方式方法，避免事态极端化。同时，在全过程中保持高度的坦诚和乐于沟通的态度。武断的干预通常会是按下葫芦浮起瓢，矛盾和问题会在转化为其他形式之后再次出现。最后，虽然子辈的婚姻关系有着全局性的后果，但它并不一定需要调用企业资源来全局性操办。使用企业资源意味着这种婚姻关系的公共化，而这未必会在长远过程中使家庭和企业受益。伴随着家族企业的发展，即使家族选择直接管理公司，家族的成员也会倾向于更少地出现在运营过程中，家族与企业的关系会更有边界感和分寸感。如果从子辈建立其衍生家庭开始，公司事务就与家庭事务分开，能够给子辈管理和控制企业提供更大的可能性。

避免代际观念冲突极端化

当子辈是独生子女时，父辈别无选择的高度期待加上子辈内部的观念协同演化机制的缺失，很容易让两代观念的分歧极端化。现实中，很多成功家族企业的独生子女自小就接受所谓的精英化教育或是留学海外。其直接结果是在接受了全球化视野和见识的同时，子辈的思维较为现代化或是西方化，行事做派也迥异于学历普遍偏低、白手起家的父辈。对于以保守著称的家族企业，尽管这种观念上的冲突有助于持续的战略发展和创新，但也容易在日常的社会互动中造成双方的困扰。如果双方的观念冲突以一种极端化的方式释放出来，就很有可能会造成无意义的内耗。

要避免代际观念冲突的极端化，首先需要双方认清观念冲突存在的合理性。进入现代社会之后，由于整体社会文化系统演化的加快，代际观念的差别是正常的。同时，由于家族内部人际关系的亲密，父母子女之间会以一种不太考虑人际后果的形式进行观念交互，加剧了观念冲突出现的可能性。两代人首先应该正视彼此观念冲突的自然性，抱着比较平和的态度进行进一步的沟通。这种预期的变化会引导情绪反应朝更有建设性的方向发展。其次，建立双方正式沟通的机制和规则。由于两代人在家庭中自然形成的沟通模式是非正式、非线性且充满大量情绪表达和慰抚功能的形式，双方在这种模式下讨论企业事务时往往难以区分针对企业事务的管理沟通和针对个人成长和发展的家庭沟通。作为父母/子女和作为公司董事长/首席执行官的双重身份会干扰基本的信息传达和处理功能。作者对此提供的建议是，当第二代即将开始继承之旅时，两代人开诚布公地建立一套家庭之外的沟通体系，因公事而展开的讨论要放在公司正式管理沟通的制度渠道之中。这一正式沟通体制最好有组织内非家庭成员的人员参与，从而保证沟通方式的正式性，减少无端的情绪表达。在家庭内部沟通时，双方仍然采用原有的沟通方式，但尽量减少对公司重要事务的讨论。家庭内沟通也可考虑让作为旁系血亲家庭的其他成员参与，用以协调和辅助作为直系血亲的两代人。最后，在建立正式和非正式两套沟通机制之后，双方应在沟通中明确表达自己对于对方的期望和要求。在管理实践中，导致父辈和子辈冲突的一个常见原因是对对方期望的不了解、不理解，无法达成共识。很多情况下，双方都把自己的预期视为对方默许的事实。大量的实践经验启示我们，这种对对方行为的假定是无根据的，其结果通常是在提升预期之后，面对无法实现的想法而产生彼此的不满意。一种比较睿智的解决方案是两代人在事发之前，就在已有的渠道上表明各自的立场与预期，并据此提前调整自身的看法和行为。总之，在预期双方会产生观念差异，且这种差异能够通过不同的特定渠道有效表达和协调的前提下，两代之间更容易在看法上彼此协调。

女性管理者的崛起

在家族的结构性变化问题上，另一个值得我们关注和思考的现象是女性在家族企业中正在获得越来越重要的地位。除却社会观念正在向更为理性和包容的现代社会过渡，这种变化重要的源头是我国计划生育等人口政策带来的社会基本结构变化。现代女性管理者在家族企业中的崛起很可能会带来管理上的巨大变化，新的优秀管理实践可能会被激发，而某些未曾设想的问题也需要我们进一步探讨其解决方案。

家族企业的女性管理者

家族企业的代际传承性是其发展过程的重要特点，这意味着一个家族会持续地与一个企业发生交织和互动。从世界各地的传统观念看，通常男性首先会被认为是家族传承合理的承载者。虽然少数国家，比如南欧的一些国家，女性也可能获得与男性相同的地位，但这种实践仍然相对占少数。很多学者都曾指出过单一依赖男性继承者的巨大缺点：从根本逻辑上考虑，这种男女不平等的态势不符合社会发展和现代性的基本观念；从经济因素上考虑，家族企业本身就因为其为了维持家族性而造成管理人员的封闭性，在家族内部因为性别原因而直接排除掉一半的继承人候选人将进一步封闭企业，从而阻碍其持续的战略发展和创新。很多女性主义研究者从性别角度出发，批评企业的女性管理者经常会遇到明显的玻璃天花板现象，但近期有越来越多的证据显示，女性管理者的处境正在好转。不管是在中国还是在世界范围内，女性管理者的数量和层级都在稳步提升。

今天，在企业中扮演重要角色的女性管理者正在展示她们的多方面优点。从组织内部流程看，女性在提升企业运营效率、纠正组织问题方面拥有明显的优势。她们在管理细节上拥有更为缜密的思路，更容易找出当前管理的问题。同时，社会观念中对于女性进行精细化管理有更多的接纳程度，以女性为主导修正公司流程遭遇的挑战会更少。任正非的女儿孟晚舟在担任华为公司首席财务官期间就享有成功提高公司内部运作效率与效益的声誉。在更为典型的家族企业方太集团中，茅理翔的妻子张招娣就曾经在方太转型的过程中扮演着内部管理者的角色。从公司声誉看，以女性为管理者同样拥有形象管理上的突破性优势。拥有女性管理者的企业更有亲和力，更容易展现理想主义的形象。《纽约时报》就曾经评价孟晚舟是华为"一张优雅、专业的面孔"。作为一家通信技术公司，华为很容易给人一种专业精湛但是无趣无美感的"技术宅"式的固有印象，而孟晚舟的出现在很大程度上有助于扭转这种看法。作为公司符号的女性管理者既具有管理资源的属性，又具有审美对象的属性。如果两者能以适当的方式结合将极大地促进企业形象的塑造。从产品市场看，女性消费群体的扩大化和消费能力的迅速提升是当代社会的重要特征。女性管理者更可能了解女性的心理需求，从而更有效地捕捉女性崛起时代所蕴含的商业机会。典型的例子是近期主要的好莱坞大型电影公司都已经瞄准了女性电影市场，例如《葛洛利亚·贝尔》等电影试图通过以女性的解放或女性为主角叙事来吸引观影者。虽然叫好和叫座的程度不一，但此类电影整体上都受到了批评。很多观察家认为电影中的很多桥段和设定仍然过分采用了男性的视角。即使描述了女性发展的艺术主题，但很多细节内容仍然让女性感到不适，应该有更多的女性创作者参与到影片的制作过程中，把关其内容。如果把电影这种文化产品抽象为更一般的产品，这启示企业在开发满足女性需求的产品时，由女性管理者主导将具备独特优势。

女性管理者面临的挑战

伴随着宗馥莉、刘畅、孟晚舟等女性管理者在各自企业占据越来越重要的位置，家族中的女性管理者逐渐变成一个普遍现象。这些女性管理者在家族企业中能否取得成功，不仅取决于能否发挥其独特的性别优势，同时也取决于能否克服社会现实和组织实践对于她们的挑战。

第一重挑战来自企业内外部对于女性管理者的社会评价。整个社会文化对于成功的管理者已经形成一套固有的理解和期望：对工作的无条件承诺和对家庭生活的放弃（对于家庭和谐与企业管理，这种文化观念其实是有害的）；有效的人际交往方式以及与企业内部人员的沟通方式等。当女性管理者以不同的行事方式完成这些活动时，她们更容易被污名化。组织成员可能会称她们为"灭绝师太"，将女性重视规则的行为视为一种过分严苛的管理行为。成功的女性管理者又可能被称为"女强人"，其性别被内嵌到人们的称呼中。就像柳传志曾在电视节目上公开评价当时仍在央视工作的王利芬时所说的，"女强人"王利芬被视为"男人"。虽然其女性特色仍然存在，但是却被纳入以一种男性视角为基础的叙事当中。

第二重挑战来自女性权威体系建立的过程。由于传统上女性并不经常担任管理者角色，在没有太多可借鉴的成功路径时，女性管理者在家族企业中建立其权威的过程比较缓慢。缺乏权威的管理者是很难开展工作的，因为她们管理行为的有效性更容易被质疑。组织成员在将信将疑的过程中执行决策，执行力度会大打折扣，即使非常有效的商业政策也可能无法取得良好效果。当家族企业缔造者把他们的商业帝国传给继承人时，所有人都怀疑继承者能否承担重任，像父辈一样取得商业上的成功。如果继承者是男性，特别是已经在组织中任职多年的男性，这种有意无意中表现出的对于继承者权威的怀疑还比较容易平息。但如果继承者是女性，这种怀疑通常始终萦绕在组织内部，直到在她领导下的企业获得新的巨大成功。如何成功建立自身权威，促成企业内部对于女性管理者的服从是女性管理者要面对的又一个重要挑战。

第三重挑战来自女性如何平衡家庭和事业。由于女性必须承担生育下一代的任务，她们在家庭上必然要做出更多的承诺。即使她们的伴侣愿意在子女抚养和教育上承担主要责任，女性仍然要面对生育问题带来的"生物闹钟"（biological clock），追上这一生物闹钟的现实困难在于女性继承者通常要在年轻时花很多时间培养自己的管理技能，从而无暇顾及私人生活。就像宗馥莉在接受采访时告诉记者的那样，她到30岁仍然没交过男朋友。笼罩在头上的聚光灯和承担的责任从一开始就为她的家庭生活设下了重重难关。除了要花时间培养与伴侣的感情，女性管理者还要额外关注对方是否更喜欢自己拥有的财富和知名度。这一系列复杂要素的综合，使得女性管理者必须花更多的时间和精力来平衡家庭事务和企业管理。

今天的管理研究和实践经验为克服女性管理者面临的挑战提供了几个基本思路。首先，女性需要改变自己的观念，从内心里认同自己可以承担重要的管理工作，认同自己的性别所能带来的完全不同的观察角度和竞争优势。就像主流商学院的第一位女院长、凯洛格管理学院的莎莉·布朗特（Sally Blount）所说的那样："如果我们希望最聪明的年轻女性成为伟大的领导者，我们必须说服更多的女性让她们相信自己应该从事重要的工作。"这种自信心最终会转化为应对污名化和权威建构过程中困难的基本能力。虽然这并不公平，但却是走向成功管理的必由之路。其次，女性管理者应尽早在组织内建立一套以正式计划和控制手段为基础的管理流程，将赏罚纳入程序化和制度化的过程中。与此同时，女性可以利用自身的亲和力优势，与组织成员建立私人关系。在最理想的状态下，女性管理者可以做到"领导是有情的，管理是无情的，制度是绝情的"。再次，女性继承者要尽早在公司内部任职，培养她们在组织中担任领导职务的合法性。有时，这种任职是匿名的，需要家族企业第一代很早就有意识地隔绝企业人员和家族成员。孟晚舟长期在华为任职，从基层开始工作，经过反复多次的自我证明之后，最终才进入最高决策层，而且在此之前，她与任正非的关系也从未对外披露。这一安排使得她的权威能够较好地建立。最后，女性继承者要尽早开始考虑家庭事务。当今的中国社会文化通常为女性设定了较晚的婚恋开始时间。家族企业的第一代最好在此事上保持一个开明的态度。瓜熟蒂落，当女性继承者进入人格独立的阶段，其私人生活就应该开始认真推进。第一代人要给予方向上的指导，帮助继承人尽早找到自我，从而找到合适的伴侣与生活方式。但同时要赋予女性继承者充分的自由，避免过分约束带来的逆反心理和独立程度不足。

总之，女性管理者崛起是当前管理实践的一个重要特征。这一过程难免会给企业的稳定发展带来波动，但只要管理方式有效，家族企业仍然能够从女性管理者那里获得难以想象的正面作用。

第四章

家族企业与市场

当我们有相左的意见时，这通常意味着我们找到了一场灾难的解药。商业需要持续的演化和适应。
_ 史丁森·弗格森
（著名非裔美国家族企业家）

原来我觉得没有我不行，把自己看得很伟大。现在看来，没有我完全行！
_ 曹德旺（福耀集团董事长）

虽然家族企业的形态千差万别，家族性格各有差异，但其基本共同点是其作为营利性企业而长期存在。家族企业可以被看作追求经济和其他相关的非经济目标而有目的地建立起来的经济性社会单位，这一社会单位包含有形的人力资源、财务资源和物质资源，也包含无形的计划和控制手段、规则和规范体系及内部结构和惯例体系。用通俗的话说，家族企业首先得是企业，而作为企业，首先得是现代组织。在本章，作者将与读者一起关注作为现代组织的企业是如何创造财富的。因为企业随时都在与环境发生经济性交互，如果不能获得充足的资源和经济回报，企业很难长期维持其生存，遑论持续的扩张发展和其他非经济目标的达成。

财富制造的直接模式：家族所有与家族管理

财富制造的组织特点

家族企业的性质首先是企业，作为企业，持续地创造财富是其基本特征。按照经济学的基本看法，一个组织如果无法持续创造出财务资源，它必然会在一定时期内走向解体。换言之，经济性是家族企业作为一个组织系统的基本特点。作者总结了如下三个方面的主要特点，作为我们分析中国家族企业在财富创造的过程中，财富经济性的基本维度。

产业差异：低附加值制造与高附加值服务

整体上讲，中国经济起飞的一个重要宏观特征是利用高素质的劳动力资源，成功承接了国际产业转移的机会。在这一过程中，家族企业起到了非常重要的作用。大量的成功家族企业最初是通过承接低附加值的制造业，服务于国际市场，来赚取初始发展资金的。由于处于改革开放早期的中国严重缺乏发展资金，最早利用制造业外包订单积累起财务资本的企业家获得巨大的发展优势。但现在这种经营模式的优势正在逐渐丧失，人们逐渐认识到其在环境和劳动力保护等方面造成的问题。很多家族企业试图进行战略转型，转向资金和技术密集型的高附加值产业和服务业。伴随着向微笑曲线两端的爬升，其主要服务的对象也发生了变化，中国日益扩大的国内市场成为家族企业需要优先考虑的对象。明确不同产业的差异有助于我们全面地理解中国家族企业的历史发展阶段。不同阶段对企业的核心能力提出了不同要求，这也可以部分地解释为什么在大量家族企业交接班过后，企业的战略发展模式发生了根本性变化。

竞争优势：核心资源及其可转移性

家族企业想要在同类型的竞争对手中脱颖而出，需要拥有独特的、他人无法模仿且难以替代的核心经济资源。核心资源通常以不同的形式存在，它可能是企业独有的知识和经验，长期发展过程中形成的独特社会网络和社会资本，企业管理者拥有的独特管理能力和管理资源，排他性拥有的企业资产，不一而足。核心资源的培育和发展需要经过一段特定的历史过程，事实上，并非所有企业都能够成功拥有不可转移的核心资源。当企业拥有明显的、能够带来高额经济回报的核心资源时，家族通常倾向于长期拥有企业，避免股权的分散化。反之，当企业并不拥有核心资源或是随着历史的发展逐渐失去原有的核心资源时，家族有可能部分或完全地退出企业运营，将财产变现并转移到其他投资渠道上去。简言之，核心资源的存在与否及其可转移性，将直接影响家族是在企业层面上还是在家族层面上最大化其收益。

组织模式：家族所有与家族管理

在定义家族企业时，人们通常综合参考两个标准：家族是否控制乃至完全拥有企业的股权；家族成员是否参与企业的日常运营和管理。家族企业发展的一般规律是，随着时间的推移，家族对企业的所有权和管理权都将逐渐减少。其原因在于企业的持续发展通常需要扩充资产规模，当企业引进新的物质资本时，新的股东有可能进行投资，从而会稀释家族的控股权；当企业引进新的人力资本时，家族成员可能减少乃至退出企业的日常管理,从而减少家族的管理权。当前中国的绝大部分家族企业仍然由家族所有与管理,说明其整体上仍处于其生命周期中非常早的发展阶段。而在欧美等国家,家族企业已经逐渐不受家族的直接管理,家族只通过股权或委员会来间接控制其名下企业。

财富制造的基本模式

从财富制造的角度看,家族企业拥有三种基本方式:家族企业直接创造财富、家族企业间接创造财富、家族企业以混合方式创造财富。这三种模式是对前述三种组织特点的组合。

家族企业直接创造财富是指家族的经营权和所有权完全掌握在家族手中,在家族传承过程中,这两种权力都会继续保持在家族后代手中。通常这种企业并不热衷于在股票市场进行公开交易。对很多企业家而言,这种方式是颇为理想的发展和接班模式。这种"理想"实际上反映前述的三个环境和组织特征:从产业差异角度考虑,如果企业已经较为成功地在价值链上向前后攀升,家族保持所有权和管理权有助于保持企业的上升势头,进一步完成战略转型;从核心资源角度考虑,如果企业拥有的核心资源能够持续下去,且转移到其他行业的代价太高,家族应该优先考虑保持当前的所有和管理模式,从而继续获得财富创造的成果;从组织模式考虑,如果家族能够克服组织惰性,有效引入新的物质和人力资源,不改变所有权和管理权归属就是一种高度理性的选择。

家族企业间接创造财富是指家族只保留所有权,而将经营权转移给外部的经理人员。为了保证家族利益不受损害,家族将通过合同与经理人员建立监督关系,尽量保证经理人员能够从家族利益出发做出管理和运营决策。在当前中国的商业环境中,职业经理人市场的不成熟加上追责体系的不健全,导致绝大多数的家族企业不愿选择这种方式来创造财富。尽管如此,还是有越来越多的企业因为家族的自身特点和环境特征走向了这种方式:如果企业尚未在国内市场树立地位和声誉,或者其在价值链上的地位始终比较低端,家族就有动力避免下一代直接参与公司管理;如果企业拥有的核心资源即将过时,或者可以较为迅速且低代价地重新配置到新的产业上去,家族就有可能采取"撇脂式"的手段,将公司资源在短期内变现;如果企业的进一步发展不可避免地需要引入新资产和新人员,且对他们有高度的资源依赖性,家族就有意愿避免在管理上做出过多承诺。这种间接财富创造的常见实现方式包括引入家族委员会、将公司上市转化为公众公司且家族减少持股比例,或在极端状况下,直接出售公司,变现财务资源。

直接和间接创造财富是两种对待管理权和控制权的极端情况,构成了家族企业战略的光谱。在光谱的中间地带,还存在一种混合制的安排,即家族部分地转移其经营权,但仍然保持随时接手管理的能力,单个家族企业成为整个家族集团投资组合的一部分;或者设立一个实验性的阶段,将有潜力的经理人与家族年青一代共同置于管理层中,彼此配合工作,共同管理公司。这种方式通常适合于在产业特性、竞争与核心资源特性、组织模式三个维度上处于过渡期的企业。这种混合式财富创造的手段具有突出的情境特征，需要家族因时而动，根据环境和自身特征相机决策。对这种方式的讨论，学术圈尚不成熟，还需要与管理者共同进行探索。

通常情况下，家族企业的缔造者们都选择了直接创造财富的方式，对于他们的讨论充斥于商学院的课堂和教科书之中，本书的绝大多数其他章节也以作者个人的视角对此展开了讨论，故不再赘述。在接下来的章节中，作者会与读者讨论家族财富的间接创造方式，特别是对今天日益流行的家族信托和委员会做一番详细探讨。在第三节，则会以新希望集团实验过的"联席董事长制"为例，讨论混合型财富创造手段在今天社会和商业环境下的运用。

财富创造的间接模式：家族信托与家族委员会

家族通过引入外部人员进行企业管理和财富创造的手段被称为家族财富创造的间接模式。很多管理学和经济学的学者都认为这种间接模式才是家族企业发展的长久之道，但也有很多学者强调这种模式并非像他们在理论模型中假设的那样正面有效。对于这样一个见仁见智的话题，作者无法给出自己的建议，但本小节希望与读者讨论当今流行的间接模式的两种主要实现形式：家族信托与家族委员会。两种模式有各自明显的特点和适用范围，也正在被越来越多地使用到情境各异的家族企业当中。总体上看，它们都是采用了较为复杂的正式制度安排来替代不确定性较高的非正式制度和行为。这种正式制度安排需要纳入大量的程式化过程，相对于原有的经营模式，会明显地降低其灵活性和提高决策成本。但是这种模式的封闭性又能给家族企业带来稳定性和安定感。两相权衡，家族企业要根据自身情况，做出具体的决定。

家族信托：制度、法律与情境

在最近一段时间，家族信托成为家族企业研究与实践的热词。这种热度出现的原因是多方面的，可以简单概括为两类：从家族信托的需求侧看，家族企业整体上处于要进行传承的关键时期，在很多家族企业的缔造者看来，这种财富的传承和制度化保障能够给企业带来很大的安定性；从家族信托的供给侧看，以金融化手段参与大量资本的管理能够给金融机构带来巨大的收益，且受托的职业经理人也能够获得适宜的职业生涯发展机遇。这两类因素推动了全社会对于这一概念的追捧，实际上造成了很多所谓的迷思或是现代神话（Meyer and Rowan, 1977）。对这一制度的全面理解有助于家族企业更为合理地比较和选择其财富制造方式。作者使用"制度"、"法律"和"情境"三个词来概括家族信托的主要特点和使用范围。

家族信托的制度特点

家族信托是指拥有大量财富的家族或个人将其财富委托于信托

机构，由其代为管理和处置的过程和安排。由于信托的载体是正式合同，家族信托首先是一种资产管理制度。理想状态下，这种制度有如下四个优点。其一，风险隔离性。纳入信托范围内的财产产权与委托人脱钩，名义上成为独立的信托公司的财产。如果委托人遭遇破产或财产清算，在信托公司中的资金可以免于影响。信托资产通常会安置在特定属地，委托人可以规避国家制度环境变化带来的政策风险。由于受托资产不再归属于委托人，因此也不会被纳入委托人遗产范畴之内。其二，税务优惠性。家族信托结构的设计通常需要律师、会计师和税务师的协作安排，根据具体国家或地区税务法律的差异性，经过设计的家族信托能够在一定程度上合理规避税务，从而将家族财富中的更大部分保留下来。其三，行为激励性。在设计家族信托的结构时，委托人可以根据自己的意愿，设计回报的触发机制。例如有些家族企业的缔造者为了敦促下一代保持创业精神，会设定其子女在达到特定年龄且完成特定的学术成就时方可获得财富。这种制度安排会直接激励家族企业子弟继续按照一定之规行事。其四，委托人自治性。在委托人设定委托条件时，受托人会完全尊重且保守委托人隐私。如果委托人试图将部分财产的受益人设置为非婚生育子女或其他特殊对象，合同安排上也能够完成。另一种委托人自治性表现为如果委托人想要将财富纳入慈善事业，家族基金也能够提供全套的法律和税务服务，保证善举能够有效展开。

家族信托的法律特点

作者想要提醒读者的是,制度安排的四个优点是在理想化状态才存在的。作为一种法律支持的正式制度安排,它是建立在所在国家或地区一系列正式安排基础之上的。如果基础制度安排出现变化,或是存在明显的制度空洞(institutional void),上述优点可能无从谈起。这也引出了第二个关键词"法律"。法律安排最初是在英美法系下成长起来的,完全适应当地的立法原则。我国实行的是大陆法系,在某些重要原则上与英美法系有明显的区别。基于专业人士的评论,我们可以知道,在英美法系下的信托财产拥有双重所有权,即委托人在将财产所有权转移给受托人时,可以仍然保持追索的权力。在中国的成文法律中,基本的制度安排是所谓"一物一权",如果所有权转移,他人没有追索的权力。所以现实中的信托财产产品通常对此进行了模糊化处理,但仍然有不少法律专业人士对此产品的安全性持有保留意见。

家族信托的情境特点

这种法律上的不确定性引出了第三个关键词"情境",即是否要采用家族信托机制,不能脱离具体家族企业的具体情境进行抽象的讨论。当家族企业决定不再从事一线的运营工作时,委托人通过家族信托将其认为重要的一些条件纳入正式制度框架范围内,在确保财富积累稳健性的同时,委托人也不得不放弃运营和人员安排上的部分灵活性。面对灵活性和稳定性的权衡时,需要委托人,通常也是家族企业第一代缔造者根据实际情况进行权衡。

这种权衡首先又要建立在当时的法律和其他制度和情境支持的基础上。当委托人能够确定家族信托的支撑性制度存在且稳定的情况下，他/她可以根据自身的意愿进行灵活的处理。简单地说，如果委托人能够确认家族信托在立法、司法、实务安全性和实务稳定性四个维度上的表现时，家族信托不失为一种有效传承和财富再创造的手段。特别是在第四次科技革命的背景下，大量职业的核心技能被智能化计算机取代，既有财富的马太效应日渐明显，全球范围内的贫富差距扩大的趋势不断增强，因此，合理地使用家族信托能够在很长时间内为家族后辈提供支持。

总之，作为正式制度安排的家族信托并非万能的良药，它的有效性取决于一系列情境要素，特别是所在地的法律制度。在此基础上，家族信托能够将子辈行为约束在特定框架内。对于这种框架带来的行为约束是否合意，需要委托人根据自身情况进行判断。

家族委员会：家族性和专业性的平衡

家族委员会是另外一种采用了较为复杂的正式制度安排来替代不确定性较高的非正式制度的管理和治理举措。与家族信托不同的是，家族委员会对于外部正式法律引入要求较低。对于非上市的家族企业，其家族委员会通常扮演着最高权力和决策机构的角色。在形成决策的过程中，起到核心约束作用的是家族宪法或任何以其他名字存在的家族纲领性文件。这种纲领性文件规定了家族委员会的基本功能、基本规则和形成程序。已经形成的决定将在公司内部成为政策性要素，交由职业经理人执行。简言之，家族委员会及其配套的家族宪法等制度安排可以看成企业内部对于现代政治活动的制度性模仿。

为了更好地说明家族委员会的运作模式，本部分将采用李锦记的家族委员会制度作为解释性案例。该案例与中国家族企业的相关性有两点：其一，作为一家总部坐落在香港的企业，李锦记证明了在较为强调非正式关系和隐性规则的东亚文化中，家族内部明晰的正式制度安排有很大的用武之地。其二，李锦记的家族委员会制度已经经过了近20年的发展历史，而同一时期也正是其在国内业务上获得快速发展的时期，这种实时性对当前时段的家族委员会设计有潜在的帮助。李锦记的家族委员会制度可以用如下三条基本命题来概括。

第一，家族学习和发展委员会是最高决策和权力机构，决策前的酝酿过程以沟通为主要形式，决策过程以投票为唯一形式，决策决议以家族宪法为承载形式。

这一命题包含了多个层次上的管理技巧和艺术。首先，委员会的身份定位中包括学习和发展两个部分，这意味着发展性的战略决策的制定首先是基于家族对于环境和其内部状况的学习和了解。其结果有助于家族企业克服其保守性和战略近视的缺点。其次，以沟通为基础的决策酝酿过程使得家族发展的根本性问题能够在家族内部充分获得讨论，虽然家族成员仍然存在于共同的"观念社区"中，但是这种开诚布公的形式本身已经尽可能有效地缩小了共享观念可能带来的决策无效性。家族成员的参与热情也能更好地被激励。再次，决策过程由常见的家族企业权威拍板转变为集体投票制度，增强了决策的合法性且避免了家族内权力的过分集中。最后，决策决议在称为家族宪法的条文之后，能够给予职业经理人高度清晰的决策指示，家族与经理人的沟通成本被有效降低。

第二，家族委员会的主要沟通内容是如何在战略上持续发展家族生意。

这里的战略是指家族性的战略，包括家族在未来应该如何进行战略布局，家族的核心价值和未来愿景是什么，如何培养未来的家族委员会成员，等等。这一制度安排意味着具体的管理和运营决策由公司的经理人员在董事会内决定。这些具体事务包罗万象，从战略规划、组织结构到人员配备和财务政策等通常被视为企业根本战略性要素的问题。这种分割本质上区分了家族的战略事项和企业的战略事项。企业的战略问题在更高的家族层次上被视为具体的战术问题。在两个独立层次上讨论各自的决策问题有助于区分不同的逻辑、身份和情感诉求（Albert and Whetten，1985；Glynn，2013；Weber et al.，2009）。通过这种制度安排，家族事务在正式沟通渠道中能得到认真讨论；家族能够从根本战略性问题上对经理人的行为进行约束，但同时又充分赋予其权力，避免了家族过分干预日常经营的痼疾。

第三，家族委员会的基本结构性特征以制度化形式固定下来。

家族委员会的基本结构性特征是指那些框定委员会活动边界的基

本规则。有三条重要规则引人瞩目。首先，会议时间和参加者固定，每个季度要进行雷打不动的4天会议。参与人员包括第三代的掌门夫妻和他们的5位子女。家族成员必须按时参加，如果迟到会受到惩罚。这意味着在可能长达一周的时间内，所有家族成员都会与彼此持续相处，讨论关乎家族命运的话题。而严格的参与要求意味着这一会议这就如同迪尔凯姆在分析集体观念时指出的那样，具有了某种神圣性。日常的凡俗工作和生活通过这种定期的、神圣的仪式得到重新整合。其次，家族宪法内容的修订需要超过75%的家族委员会成员同意，这一措施意味着每一票都有着重要的意义，所有通过的家族战略性决策必须经由充分的讨论和商议才能决定。最后，委员会成员并非自动获得董事会成员资格。特别是当成员出现离婚或"婚外情"的状况时，他/她必须立刻离开董事会，但仍然保留家族委员会资格，且必须正常参会。这一原则的重要性在于对外树立了一致的家族形象，避免影响公司文化。

　　从李锦记的案例分析中，我们可以看到家族委员会是如何作为家族决策的主体和最高权力机构进行活动的。经过近20年的发展，李锦记公司的家族委员会已经达很到高的成熟度。大多数中国家族企业虽然可以直接从这一案例中学习，但仍不可避免地需要根据自身的情境特征进行调整。李锦记的独特性，即其家族委员会运行的边界条件至少存在于以下几个方面。其一，该公司是一家直接面对消费者的公司。无独有偶，在世界范围内另一家著名的成功推行了家族委员会制度的公司也是食品和快速消费品公司，即玛氏集团，该集团旗下拥有包括德芙、士力架、箭牌等著名品牌。因为家族委员会需要充分动员所有的家族成员，那么其成员至少要拥有家族企业从事行业的基本知识。快速消费品公司提供的产品能够比较容易地被全部家族成员理解。反之，对那些直接面对公司客户的企业而言，它们的业务本身就设定了很高的技术门槛。刻舟求剑式地模仿李锦记，很有可能带来的是形式上的相似性和实质上的虚无性。其二，设立家族委员会的基本前提是家族对于较大规模家族企业的大比例乃至完全持股。由于在中国拥有较大规模的家族企业大量选择了上市交易，强行在法定制度规定之上设置私人的治理结构很有可能招致监管方的注意和处罚。而如果家族企业规模较小，设置一整套正式的以家族委员会为基础的制度安排会过分消耗资源，不具有经济效率。其三，李锦记所处的香港地区，乃至其祖籍广东地区，是宗族力量和观念非常强大的地区。在最初设立家族委员会时，家族能够通过内化的家族观念达成第一步的一致性，特别是在涉及家族成员强制参与的问题上，其文化观念起到了基础性的作用。对其他地域的家族企业而言，这种宗族性可能无法促成最初建立委员会的基本条件。其四，在建立这一制度的过程中，一个重要的动因是李锦记的第三代掌门人李文达在前期经历的两次家族内部动荡，这两次动荡促成了他观念的转变。现实中的家族企业掌舵者们未必能够接纳如此去中心化的、权威从个体转移到集体的过程。要完成这种制度转变，不仅需要智慧，也需要勇气。

总的来说，家族信托基金和家族委员会是两种将管理和运营权移交给职业经理人的方式。二者在正式化程度、对法律和制度环境的依赖度、经理人和家族参与度等方面思路迥异。家族信托基金直接赋予经理人和受托人（通常是银行等金融机构）巨大的自主权，但高度依赖制度环境，盲目试验容易造成水土不服的后果。家族委员会制度则将家族企业的治理结构区分为家族和企业两个层次或核心，家族仍能在战略上保持高度的参与，同时较少过问实际的组织过程。这种制度安排也具有高度的正式化特征，但正式化的源头是组织内部的观念和共识，而非外部的制度环境。虽然它们并列在同一类别中，但其实质差异性不容忽视。

财富创造的混合模式：职业经理人与继承人

在现实中，管理权的家族性并不是一个非1即0的二分变量。家族可能选择拆分管理权，部分地授权给可信赖的职业经理人，剩余的部分保持在家族控制范围内。现实中最为著名的例子，是新希望集团曾经试验并证明有效的联席董事长制度。本节将对这一案例进行简短分析，并借此讨论中国家族灵活安排制度，以混合方式完成财富创造的可能性。

新希望与联席董事长制度

作为农业产业化和现代化的重要代表，新希望集团一直广受整个社会关注。其创始企业家刘永好及其家族曾经多次登上财富榜单前列。刘永好从普通农民，通过自身的不断努力和对历史机遇的把握，最终成为中国首富的传奇故事，使他成为当代青年创业的模仿对象。当刘永好进入60岁这一阶段时，接班人的问题变得非常重要。在此之前，他的独生女刘畅女士就已经经过了多段学习，有了创业见习经历，初步具有了接班的能力。但是值得注意的是，两代人对于公司战略发展的方向、公司的核心能力有着较大的认知差异。新希望所处的农牧产业，具有较为复杂的生产链条和供应链网络，而这些并非刘畅在前期的历练阶段准备的核心内容。与此同时，国际化的教育背景和多行业的运营经验（肉食品业、乳业、零售业、房地产业、国际投资）也使刘畅拥有了与前代非常不同的个人能力。如何融合二者的优势，帮助传统的农业产业化集团适应新时代的要求变成了公司战略发展的核心议题。

为了解决这个议题，刘永好家族在家族企业的公司治理安排上做出了创新。2013年5月22日，在旗下的上市公司新希望六和股份有限公司的股东大会上，刘永好正式辞去董事长职务，但保留上市公司董事和母公司新希望集团董事长职务。六和股份董事长职务由其女刘畅担任。同时，公司引入外部的高级知识分子和职业经理人——华南理工大学的陈春花教授担任联席董事长兼首席执行官。

根据作者前述的分析框架，新希望集团在此采用了混合式的财富创造方式，由重要家族成员和外部高水平职业经理人共同执掌公司，家族部分地管理行政事务。这一财富创造方式适应了当时组织和家族的情境特征。从产业角度考虑，公司力图进一步提升其产品的附加值，更好地服务中国市场，但并不计划放弃原有的低附加值业务；从核心资源和竞争优势角度考虑，身处传统产业的公司面对的竞争环境并不算激烈，但新进入的家族成员带来了与此前截然不同的战略管理资源，并试图对原有产业进行对接和修正；从组织模式看，在海外学习和生活多年的刘畅拥有的就职合法性和社会网络支持尚不完整，即使在正式制度安排中具有领导地位，她在公司内部的非正式制度和权威体系中依然根基不稳。这三个层面上的情境特征要求组织通过一种变通式、转折性制度安排来平稳过渡。引入所谓的联席董事长制度，并借助背景颇具多元性的陈春花博士作为多方力量的平衡点，比较妥善地实现了混合式的家族财富创造。这一制度虽然在最初出现时颇具争议，但在经过一段时间的运作之后展现了其积极的一面，最终为人们接纳和认可。作为这种创新制度承担者的陈春花博士虽然曾承担了巨大的运营和舆论压力，但她作为"制度创业者"（组织理论词汇，通常指通过其行动改变制度化观念或实践的个体或组织）为我们展示了产学研相互融合的可能性。事实上，此类由知识精英转变而来的高级管理者在西方社会并不罕见。新希望的联席董事会制度实际上教育了我们的社会观众，开拓了管理实践的新视角。

第五章

家族企业与社会

人一出生就进入先赋的社会世界之中。
_ 阿尔弗雷德·舒茨（奥地利裔美国哲学家、社会学家、现象学家）

不能说野心是绝对坏的存在，但只有野心的传承，往往充斥着负能量。而爱，则是捍卫理想的正能量，企业要学会如何爱。
_ 曹慰德（新加坡万邦集团董事会主席）

家族企业作为一个组织系统，其功能和意义不仅在于经济活动的展开和经济资源的持续获得，还包括其获得充足的社会支持并保持组织社会性评价的稳定。对于维持家族企业的正常运转，采用经济视角进行分析的意义在于揭示企业作为理性经济组织的基本属性，确认家族企业能够持续获得充足的经济资源，以保证其能在与经济生活中的其他行动者进行互动时保持稳定。那么采用社会视角进行分析的意义在于揭示企业作为开放和自然系统的基本属性（Scott，1987），思考家族企业除了经济资源外还需获得的网络资源、合法性资源和文化-观念资源，以全面考虑组织得以持续生存所需要的主要社会条件。本章的三个小节分别讨论了社会网络、权威合法性、文化社会观念这三个组织系统中最为重要的社会性因素在家族企业运作中的基础性作用。

社会网络与家族企业嵌入性

社会网络理论与家族企业

当代经济社会学最为重要的基本共识是个体行动者（既包括个人也包括组织）嵌入社会网络之中，并且利用社会网络进行经济活动。该理论视角的出发点是对经济学和其他相关学科中过分强调的孤立的社会行动者进行的批判。组织不是真空中的组织，而是身处社会结构中的组织；个体也不是"原子化"的个体，而是持续"嵌入"社会关系和社会网络之中的个体。

对家族企业而言，社会网络是一个极为有效的解释视角。芝加哥大学的帕吉特和安塞尔在研究15世纪佛罗伦萨美第奇家族——人类最早和最著名的商业家族的兴起过程时就发现，人际网络是该家族生意得以发展的最重要前提。那些通过商业活动获取到的权利与其说是经济权利，倒不如说是网络权利。这一发现意味着，即使在现代商业社会发展的最早期，社会网络的基础性作用也已经明显地彰显出来。在现代的情境下，著名的网络理论家罗纳德·伯克则直接将企业家定义为能够帮助消费者和购买者建立新的联系，且相互协调其行动的个人。再具体到以中国情境为基础的管理研究，我们同样可以发现社会网络或"关系"成为最受关注的热词之一。作为转型经济体，中国的市场经济发展时间较短，主要制度安排仍然在不断地完善中。在这种情况下发展民营经济和家族企业，需要企业家和创业者们寻找到对正式制度的替代和补偿机制。社会网络就是这一时代最为重要的机制。一方面，人们通过社会网络得以接触到更丰富更复杂的信息资源，对于信息资源的分析和利用则直接导致创业机会的出现。另一方面，人们能够通过社会网络建立其与交易伙伴的基本信任，从而润滑了经济互动，促成了经济互动的持续进行。即使是抛却任何学术性关怀，只关注现实的、片段化的经验，家族企业的管理者们也不难发现在发现商业机会、缔造企业基础结构和持续发展壮大的过程中社会网络所起到的重要作用。

社会网络虽然能够在创业阶段帮助家族企业克服一系列困难，进而促进经济的发展和福利的提升，但社会网络仍然存在"黑暗面"，如果家族企业不能有效应对，组织的持续健康发展会受到影响。

第一，社会网络的存在和使用是有代价的。

社会网络对于经济发展的润滑作用是有代价的，这种代价可以概括为网络搭建成本和网络维持成本。网络搭建成本是指在建构社会网络时，企业所要付出的所有经济和非经济的代价。某些社会网络看似是以自然的形式连接到组织的，例如企业在公平的经济交易中结识的商业伙伴，其实也是存在成本的，只是这种成本通常以非经济的形式隐藏在双方互动和建立初次交易关系的过程之中。网络维持成本是指为了维持与所连接对象的信任和良好关系，企业需要付出的经济和非经济成本。在现实中最为常见的维持成本一般表现为：企业因为与某交易对象维持长期的友好关系，而放弃其他经济上更为优厚的交易对象。随着家族企业的发展，社会网络的维持成本会越来越高，其积累的经济无效率性也会越来越明显。

第二，社会网络是具有黏性的。

社会网络的黏性是指当家族与特定的社会网络衔接之后，由于路径依赖，未来的网络扩展仍将以该社会网络为基础，从而在整体上构成一种"锁定"在该网络中的特点。由于社会网络具有的黏性特点，当我们在比较不同企业时，不能仅关注企业内部特点的差异性，还需要关注以企业为核心的整个网络结构的差异性。当我们评估企业的价值时，要将企业接入的社会网络也纳入考虑的范围内。当家族企业发展到成熟阶段，企业的社会网络将会在很大程度上固定在原有的位置，黏性的效应也更明显。

第三，社会网络在提供有效信息的同时也闭塞了异质性信息的传达，从而可能造成观念的封闭和僵化。

社会网络虽然能够传达信息，但由于其黏性的特点，所传达的信息通常来自少量的固定连接对象，这些对象的信息已经经过多次向企业的传递，往往具有同质性的特征。那些能够影响公司进一步决策的信息通常都是全新的异质性信息，而异质性信息主要来自新的和意外建立的网络连接，用"名满社会学界和管理学界的一代宗师"格兰诺维特的话说，这就是所谓弱连接的优势。伴随着家族企业持续的发展和成熟，企业与网络中其他节点的信息交互次数越来越多，新的异质性信息就会变得越来越少。通俗地说，家族企业越发展，其社会网络提供的收益将呈下降趋势。

综合上述三点，我们可以发现社会网络对于家族企业的整体贡献会伴随着其发展而呈现下降趋势：维持既有的网络需要付出更高的成本，但这种成本不能换来更多的收益。家族企业需要思考如何跳出原有社会网络的束缚，获取新的网络优势。接下来，作者将以雷士照明为例，讨论社会网络是如何对家族企业的组织系统产生影响的。

雷士照明：社会网络、战略创新与治理过程

雷士照明由吴长江、杜刚、胡永宏在1998年创立，于2010年在香港上市。创立以来，雷士构建了巨大的销售网，以高于行业平均水平3~4倍的速度，引领行业增长。其发展的速度让很多企业惊叹，也成为众多国际巨头重点关注的焦点企业。在吴长江执掌公司的十多年中，雷士照明拥有明显的家族企业特征——吴长江直接和间接的持股比例一直保持在公司的最高水平，吴长江的家族成员大量参与公司的日常运作。这种家族性曾经受到过三次挑战，前两次吴长江都利用其社会网络资源，获得了控制权争夺的胜利。通过这一案例，作者试图分析社会网络在该公司战略创新和公司治理过程中起到的不同作用（见图2）。

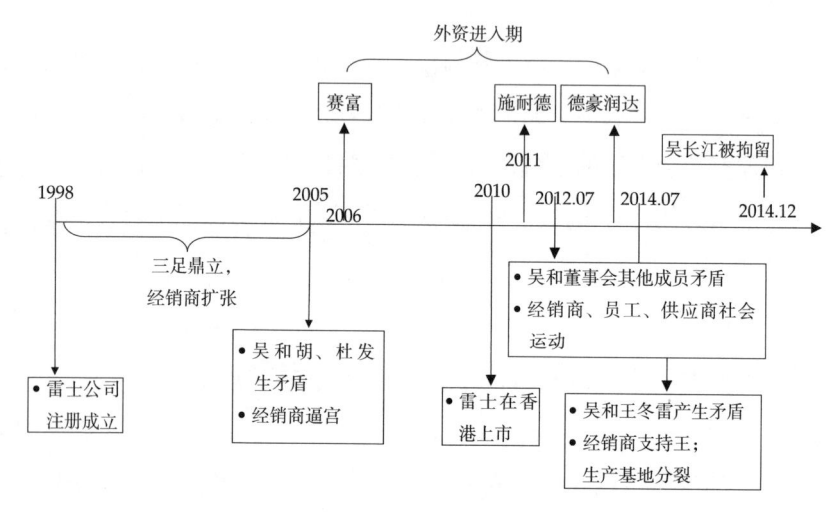

图2 雷士的发展历程

　　雷士的超常规发展主要源自其成功的商业模式，该模式促使大量经销商高效扩展了业务。当雷士进入市场时，照明产品市场仍然保持着高度的原始性，多种品牌或无品牌商品杂糅在未分化的销售渠道上，随意地被出售。其他本土企业大都处于初创阶段，规模普遍偏小，经营多是"前店后厂"的模式，企业老板们都坐等顾客带着订单上门。帮欧洲大品牌代工的吴长江意识到品牌的重要性，如果延续这种"坐等订单"的经营模式，雷士必然会陷入低端市场的产品同质化红海中。为了打造品牌，雷士创新地采用了"专卖店"的经营模式来构建自己的渠道：从2000年的第一家专卖店开始，对于加盟的经销商，雷士会根据其销量和影响力的大小，采取一定的形式给予现金补贴，或者给予其装修费，让其免费开张。开一家店，雷士补贴3万多元，并且给店员发基本工资。当然，为了力推自身品牌形象的差异化，雷士也要求专卖店排他地销售"雷士"这个单一品牌。这一举措激发了加盟店的热情，经销渠道规模迅速扩大。到 2005 年，为了有效管理规模巨大的销售渠道，雷士推出了运营中心的策略，在各省相继成立运营中心。每个运营中心相当于一个缩小版的总部，代表着所属区域市场的最高管理者，负责区域市场的仓储、配送和销售、管理、市场监督、品牌运作等相关工作。雷士将专卖店的运营权和管理权下放给当地的运营中心，并选拔运营中心负责人。雷士的渠道模式发展到了一个比较成熟的阶段，即在全国范围内确立了总公司—运营中心—专卖店的销售体系。

支持这一商业模式的基础资源是时任董事长的吴长江与一大批重要利益相关者所构成的社会网络，或者说是吴长江个人的社会资本。这种社会资本背后是他和渠道商之间的信任，而信任的形成需要一定的过程。作为创始人和长期控制者的吴长江在以下三个层面的行为，帮助他积累了社会资本。第一，吴长江对经销商做出了持续的投资承诺。经销商不断得到投资支持，逐渐形成一种惯性。尽管出资资助专卖店最初是由另一位创始人胡永宏首创，但在取得初步成功之后，他要求减少投资，回收利润。而此时的吴长江仍力主投资，帮助销售渠道进一步扩大规模，满足经销商的利益要求。吴长江主导了雷士与经销商形成密切的利益共享模式和风险共担模式。在发展初期，雷士通过事先垫付、共同出资装修、通过货款返还等多种形式补贴装修费，让经销商免费开张，这让不少资金实力并不雄厚的经销商顺利进入了照明行业。第二，吴长江和经销商每年保持着频繁的互动。据媒体采访，吴长江每年至少有 1/3 以上的工作时间放在市场，主要用于与渠道商之间的情感沟通以及解决问题上。经过多年的磨合，雷士的运营商早已习惯和认可这种高密度的沟通方式，并积极地在各自区域内实践这种方式，常常举行区域经销商会议，并深入一线市场，增进与经销商之间的情感交流，解决经销商的困难。吴长江和经销商之间建立了良好的私人关系网络，甚至在经销商群体中形成一种观念——只有吴长江才能保障他们的利益。第三，吴长江被认为是江湖兄弟，具有"袍哥"义气。创办雷士之后，吴长江和经销商称兄道弟。吴长江在很多场合表示，强大却不欺负弱小才是对等。雷士强大了，要建立与经销商长期、稳定的合作关系，就应该注意不欺负别人。除了经销商，吴长江对供应商的业务也鼎力支持，特别是他完全拒绝接受回扣的行为获得了供应网络的尊重。

除了带来经济利益之外，这一社会资本也成为吴长江在雷士的内部政治互动中的重要筹码和杠杆。吴长江两次因故离开董事长位置，又两次在众多利益相关方的"簇拥"之下，回到最高管理者的位置。他的社会网络资源直接左右了两次公司控制权的争夺。第一次股权争夺发生在 2005 年。由于力推运营中心体制，吴长江与另外两位创始人发生了根本的矛盾，只占有 1/3 股权的吴因此出让了持有的股权，离开了公司。但在短暂的三天过后，戏剧性的一幕突然上演。当吴长江退出的消息传出后，近 300 名获知消息的经销商在 3 天之内纷纷从全国各地赶来，齐聚在雷士惠州总部。他们反对雷士股东的"分手协议"，并在现场拉起了"雷士战略研讨会"的横幅，强势介入三位创始人的股权纷争。这些经销商经过举手表决，全票通过了让吴长江留下的要求，并且宣称要和吴长江共进退。在全体经销商、供应商和公司中高层管理者的面前，胡永宏和杜刚同意退出雷士并换取吴长江的回归。按照和吴长江的协议，企业作价2.4亿元，胡永宏和杜刚各拿8 000万元退出，把所有的股权都卖给了吴长江。第二次股权争夺发生在2012年，在吴长江因为"个人原因"辞去公司及附属公司的一切职务之后，他试图重返董事会并夺回公司的经营权。历史又一次重演，7月12日，雷士召开公司中高层管理人员会议，希望解决上半年业绩下滑问题。这一次会议的参会者除了雷士的中高层管理人员，还有企业的基层员工、经销商和供货商。在会上，他们一直向投资方软银赛富、雷士现任董事长阎焱及施耐德代表提出诉求，要求吴长江回归，具体内容包括双方谈判内容：一是改组董事会，避免外行领导内行；二是争取更多的员工期权；三是要让吴长江尽快回到雷士；四是让施耐德退出雷士。如果满足不了这些条件，员工表示会无限期停工，供应商表示要停止供货，经销商表示将停止下订单，另起炉灶。最终，阎焱对上述诉求给出了在三周内答复的回应。7月13日，雷士早盘开市停牌。如多方利益相关者承诺的那样，雷士基层员工到岗不开工，开始了全国范围内的停工；经销商停止下订单；供应商也停止供货。这一次公司社会网络的集体行动再次收到效果。两个月之后，吴长江以临时运营委员会负责人的身份，重返雷士管理层。

社会网络与家族企业发展

社会网络的正面效应

在以社会资本为主题,详述雷士发展历程之后,作者想借用这个比较极端的案例来提供给读者一些理论思考。对于家族企业,特别是早期的家族企业,社会网络和社会资本能够在如下三个方面凸显其正面作用。

第一,提供经济机会,促成快速发展。

社会网络提供经济机会的作用首先体现在其信息功能上,但雷士的发展为我们展示了社会网络的另一个重要应用,即利用社会网络建立独特的竞争优势。当同时代的企业仍然固守着原有的、比较粗糙的战略发展模式时(或者也可以说当时大量的企业尚未建立战略管理的意识),雷士就通过与上下游的网络建立连接,塑造了完全不同的商业模式。这种商业模式建立在连接的双方彼此信任和资源相互依赖的基础上。对竞争者而言,很难在短期内模仿或者寻找替代性资源。随着雷士社会网络的快速拓展,这种商业模式也在不断地繁殖,从而带来企业的快速扩张。对很多其他的中国家族企业而言,向自己嵌入的社会网络持续进行经济和情感上的投资,的确是一种比较常见的扩张方式。当然它们可能不同于雷士,因为后者的整个商业模式和品牌声誉是完全建立在网络关系基础之上的。

第二,提供政治资本,辅助权力获得。

这里的政治资本和权力都专指在公司和产业领域内的概念。政治过程不仅仅存在于公共政策领域，也存在于经济和组织领域，其根本议题是谁掌握公司的最高权力，谁能成为决策过程的最终权威（Hambrick et al.，2008）。从这个角度看，社会网络对于企业家的意义不仅是经济上的，也是政治上的。当社会网络成为公司的核心资源和竞争优势来源之时，谁能够有效控制这一社会网络，影响网络成员的行动，谁就能在公司政治活动中获得无法比拟的优势。在吴因故入狱之前，他在两次控制权争夺中获得的胜利都是基于他在社会网络要素方面的力量。从正式的股权占比来看，即使是在持股比最高的时刻，他也不曾长期拥有公司超过一半的股份，从而未能获得控股权。不同于金融学理论中假设的那样，公司实际的控制权力不仅仅是正式的、法定的制度规则，还取决于这些规则纳入实际运作时出现的政治过程。吴长江和雷士的案例启示我们，社会网络可以成为政治过程中可依靠的资本，某种程度上网络代表着权力。

第三，提供社会地位，积累个人声誉。

吴长江之所以在任职期间被称为"袍哥"，受到各方面力量的尊崇，与他在社会网络中的地位是分不开的，与他持续地在社会网络上投资和耕耘也是分不开的。通过社会网络获取声誉这一做法，对家族企业是有启发性的，因为家族企业给家族和其成员的正面价值不仅仅在于财富，还在于其引致的积极社会评价。当家族企业能够给它所处的网络带来持续稳定的积极影响时，我们不难理解与之连接的社区为什么会对一个通常被视为赢利工具的企业付诸如此多的积极情感。

社会网络的负面效应

总之,社会网络对于家族企业的正面意义是全方位的。在经济上,它能够成为核心竞争优势的来源;在政治上,它能影响权力分配和博弈过程;在社会声誉上,它能够帮助家族企业完成对地位和非经济目标的追求。同时,越是处于家族企业发展的早期阶段,这些正面意义就越明显。但也正如雷士照明案例呈现的那样,随着企业不断向前发展,社会网络会越来越多地出现一些负面效应,依据此案例,作者总结了两个核心的负面效应。

其一,裹挟商业政策,影响战略转型。

雷士照明的成功来源于它成功地调动了社会网络资源。这种模式持续深化,促成一个巨大利益团体的出现,它依附于雷士的商业政策而活动,其赢利方式既包括从其前端消费者方面获得利益,也包括从后端的供应企业获取补助,即所谓的"吃两头"。这一利益团体的出现,在很大程度上裹挟了公司政策,阻碍了公司进一步进行战略创新。两次的控制权争夺,看似是不同合伙人之间观念的冲突,其实是不同战略发展方向之间的冲突。第一次争夺前,另两位合伙人就已经敏锐地感受到,当时的战略发展模式如果继续下去,弊端会逐渐显现出来,公司将大量资源转移给了销售渠道,而自己留存的资源太少,难以支撑新一轮的战略创新。但这种看法并未来得及实现,就已经被供应链上的利益团体所扭曲。从公司战略变革的角度看,第二次控制权争夺实质上仍然是第一次争夺的继续。如何在充分利用社会网络、建立独特的核心竞争优势与抑制社会网络上利益团体的发展、成功进行战略转向之间取得平衡，是考验家族企业的一个重要问题。

其二，卷入利益相关群体，带来外部干预。

依常理而论，企业本身是一个有独立自主权的主体。企业内部的重大战略性事务，通常会交由封闭的治理层进行决策。企业对外部资源建立起的依赖关系，可以影响决策时进行理性计算所需要的统计数字，但不应当影响如何定义企业内部的"理性"和逻辑。在雷士案例中，我们却恰好看到一个完全的反例。那些接受了雷士资源的外部主体，借用企业对它们产生的依赖性，将手伸到了公司治理活动的核心，直接决定了最高管理者的人事任免活动。这意味着雷士公司治理的逻辑发生了偏转，投资人的利益不能获得完全的保障。公司的理性不是投资人眼中的理性，而是利益相关者的理性。从道义和法规制度两个角度，这种实践都是值得怀疑的。在其他家族企业里，相似的问题同样可能以不同的程度和形式爆发出来。家族可能过分关注某个利益相关群体的利益，从而忽视了家族最初进行经营活动的目的。

合法性与家族企业权威

人们很容易理解，企业管理者能够成功开展工作的经济前提是获得投资方的支持或本身就是主要出资者（家族企业的基本特点就是家族出资）。相对容易被忽视的问题是，成功开展管理工作的重要的社会前提是管理者获得合法性。作为一种社会性认知，合法性是指在一个具备非正式规范、管理和价值观念的社会系统内，某个行动者被其他行动者认为是正确和适当的。用通俗的话说，拥有合法性的管理者做出的管理行动，能够被大多数与之相关的人认为是合理和有意义的，哪怕这种行动会给其他人带去经济上的损失，人们依然理解并且尊重该管理者推行其管理举措的权威性和合理性。

家族企业作为出资者，能够在一定程度上利用其经济力量，为一些家族成员提供部分的合法性，但合法性的获得过程却远比简单的经济逻辑复杂，它通常与该家族成员获得充足的权威和社会支持有关。本节将通过对于娃哈哈两代领导者合法性的分析，来探讨合法性和权威地位对于组织系统演化的意义，同时为现实中的管理者提供合法性建构的管理建议。

娃哈哈：合法性的代际差异

娃哈哈集团是中国著名的食品和快速消费品集团，其名下的营养液、瓶装水、果奶、软饮料等产品拥有巨大的市场占有率，构成了改革开放后独生子女一代对于儿童食品的共同记忆。家族企业创造者宗庆后，34岁开始运营杭州一个小型校办工厂，连续耕耘三十多年，多次成为各大财富榜单上的中国首富，今天仍然在集团公司中扮演着举足轻重的角色。家族企业的第二代，宗庆后的独生女宗馥莉，从2004年留学回国开始就在娃哈哈基层工作，经过6年的锻炼，到2010年开始进入核心管理层，家族管理和企业传承的特征迅速凸显。

娃哈哈最初的成功是由其突破性的产品和正确的销售渠道策略共同铸成的。从著名的娃哈哈营养液开始，娃哈哈就抓住了一个重要的产品市场机会：中国进入独生子女时代后，儿童逐渐成为家庭（食品）消费的核心要素，儿童食品逐渐展现出巨大的市场潜力（Jing，2000）。娃哈哈品牌的名称和形象直观地反映出该公司自身的战略定位。娃哈哈又成功地在其庞大的市场经销渠道上进一步推广了这些儿童食品。从1994年初，宗庆后开始在娃哈哈集团建立起"联合营销体"的经销体系，在当时全国食品销售渠道比较原始和粗糙的情况下，这一举动颇具前瞻性。虽然每件产品的利润绝对值比较低，但是经过数以万计的销售渠道，整体利润规模达到了惊人的数额。

在整个20世纪90年代，娃哈哈是最为国人熟知的中国品牌企业，也是赢利能力最强的中国企业之一。也正是在这一时期，家族企业第一代企业家宗庆后积累起了超乎寻常的权威与合法性。他受人尊崇，在公开场合发表的言论被很多年轻创业者奉为圭臬；他又引领潮流，与外资企业的合作与分手都引起了广泛的关注。这种个人层面的高合法性的地位主要由两个基本力量塑造。一方面，宗庆后的个人能力和创业精神在企业发展的前二十年得到了充分体现，企业获得的成功经常排他性地归因到其个人的眼光和魄力之上。而他本人又是一个事必躬亲的领导人，所有关乎公司运营的大小事宜都必须通过他本人审批。另一方面，娃哈哈在商业上的成功是具体可感的。不同于后来高科技行业的新富豪，娃哈哈是通过所谓"卖水"的方式，循序渐进地积攒了实体性的财富。宗氏家族持有的财富不是证券市场上虚拟的数字，而是现实中真金白银构成的资产。

宗庆后的高合法性延续至今——今天已经年届七十的宗庆后仍然奋斗在企业的第一线，企业的大小事宜都需要通过他本人的把关审核。利用自己多年的成功经验和独到的市场敏感性，宗庆后可以极为敏锐地判断产品的市场前景，迅速跟进市场机会。在这一模式的映衬下，家族第二代宗馥莉的合法性则显得不足。伴随着饮料业越来越激烈的竞争，利润也越来越薄，从2004年开始，娃哈哈开始实施"全面创新"的战略，先后进军奶粉行业、零售业、白酒业和商业地产行业，呈现出非相关产业多元化的特点，但整体上并未复制之前的成功。从2010年开始独当一面的宗馥莉，试图将公司转变为更为现代化的商业公司，来扭转公司增速变缓的疲态。从一般管理规律来看，业绩或增速下滑通常有利于公司转型。但是宗馥莉主导的战略转型却遭遇很大的阻力，关键原因在于彼时她并未成功获得合法性，在公司的隐性权威体系中未被认可。

比之其父宗庆后，宗馥莉合法性的缺失有多方面的原因。首先，在开始承担重任之时，她在名义上就处于某种高度不确定的、试验性的阶段。2010年在她上任伊始，宗庆后就对媒体表示，接班人不一定非得是自己的子女，公司要完成法制化、信息化改革，在这一过程完成后才能确认具体的接班人；女儿能否接班，还"有待观察"。虽然宗庆后在大众媒体上的表达不能完全看作他真实意思的表示，但在客观上这种态度没有帮助刚刚要建立自己管理者权威的宗馥莉。名不正，则言不顺，即使在基层磨炼 6 年，名义上其父仍然未对宗馥莉的继承前景做出完全的承诺。

其次，宗馥莉从一开始就比较彻底地否定了其父历经多年实践形成的成功模式。宗庆后在企业管理过程中表现出对中国社会环境的适应性和独有智慧，高度重视人情；宗馥莉则更倾向于强调减少人情，采纳在大型科层制组织中适用的管理经验，重视制度。强势地推进后者，拒绝承认前者的合理性，很容易造成公司内部对宗馥莉的质疑，这种质疑被形象化地展现为一对符号上的矛盾：父亲吃大饼油条，女儿喝牛奶吃面包。其间蕴含的意思很容易理解，父女两代人秉持了完全不同的价值观，在观念系统上彼此不相融。

再次，宗馥莉主导的改革同时影响了多个利益相关者的利益，或打破了他们的正常预期。同时其父的一系列举动又让两代人的管理方式被利益相关者关注和反复讨论。从员工角度看，宗馥莉试图推进正式化的管理手段，其父则继续保持怀柔的态度。早期部分员工按照公司制度被她开除了，其父则又会悄悄地把他认为优秀的员工聘回公司。一些长期服务于企业且做出重大贡献的公司成员被宗馥莉纳入厚薪荣退的行列，其父则为他们新设职位，继续参与公司运营。从经销渠道看，宗馥莉试图采用数据分析手段，依靠正式计划来确定与经销商的关系，其父则高度依赖与经销商频繁的会面与私人关系。父辈的市场敏感性和子辈的科学化分析工具并没有得到一个一致性的融合渠道。从政商关系角度看，宗馥莉力图推动较为现代的、正式化的互动方式。其父则仍然相信和依赖与具体政府人员的私人的、非正式的互动。父女二人在多个方面矛盾尖锐。由于其父仍然作为几乎所有关键决策的最终拍板人，宗馥莉主导的、节奏较快的改革很难得到各个利益相关者的支持，从而进一步削弱了她在组织中的权威性。

宗庆后太成功了，在娃哈哈一直是神一样的存在，宗馥莉想获得企业内外的合法性，需要翻过父亲这座大山。近两年，娃哈哈的数字化转型、产品和市场创新升级给了宗馥莉施展身手、大放异彩的机会。成功的企业变革通常拥有明显的马太效应：当变革成功，带来明显的绩效时，下一步的变革更容易被人们接受，或者说拥有更强的变革合法性。宗馥莉在公司工作已经十多年，仍然没有太多可以直接归因到她个人身上的、令人印象深刻的成功实践。即使我们知道很多管理的成功是被历史性地追溯到某个个体身上，从而具有某种"现代神话"的性质，但在娃哈哈前期的成功史中，没有哪一个神话是围绕宗馥莉讲述的。在业绩上证明自己是宗馥莉掌握娃哈哈这台庞大机器的契机。在近两年的娃哈哈数字转型中，她的数据思维和流量思维为娃哈哈注入了年轻的活力，助力市场增长，本人逐渐得到父辈和公众的认可。

综合上述几点，我们可以看到，家族二代合法性的构建是一个动态的过程，既受父辈权威的影响，也与公司经营模式有关。同时子辈实施变革时对于时机的把控和对于利益相关者的关注及绩效成果也是合法性构建不可忽视的因素。这一案例说明在家族中建立合法性的极端重要性和任务复杂性。接下来将具体讨论它能提供给中国家族企业的一般性经验。

建构家族管理者的合法性

宗庆后、宗馥莉两代人在同一个企业的对比为读者展示了合法性对于家族企业持续健康发展的积极意义。秉持一种从特殊到一般的逻辑，娃哈哈给中国家族企业管理者的合法性与权威的建立提供了可供参考的经验。

第一，家族内部要形成一致的看法，对选定的管理者提供始终如一的支持。从后续的发展来看，宗庆后似乎极为倾向于让家族成员继续管理娃哈哈。自宗馥莉进入公司后，宗庆后在人员、资产、客户等各个方面给予女儿最大的支持，还特意把自己的秘书抽调给宗馥莉当助手，希望能够让女儿快速地熟悉公司情况。但或许从一开始，他就意识到宗馥莉在观念上与既有组织系统的巨大差异性。或许是为了给女儿提供备选方案，抑或是为了减少利益相关者的担忧，他并没有从一开始就完全对宗馥莉的领导地位给予充分承诺。从结果看，这种思路可能是有风险的。在外部主体看来，没有对接班人做出完全承诺就是对接班人的状况仍然心存不安，未来接班人就有可能退出企业的管理活动，今天接班人就没有可能获得完全的权威与合法性。对此问题，战略管理研究的一般结论是，不管决策前有怎样的犹豫，最好的策略是做出决策后，充分展现对决策的承诺，从而完成"自我实现的预言"。

第二，为了帮助家族企业继承人获得合法性，两代管理者秉持的不同观念应有效进行融合。虽然宗庆后和宗馥莉拥有着明显不同的价值观和管理哲学，但现实中对立的观念未必不可以融合。中国领导者使用的管理手段——"老人老办法，新人新办法"，就是一种在实践中融合对立观念系统的应对方法。当然，这种融合的具体形式仍然是一个在理论上需要打开的黑箱，但基本的经验总结是两代人需要建立有效的沟通机制，开诚布公地讨论彼此的看法。对于李锦记，这种机制是家族委员会制度；对于福耀玻璃，这种机制是两代人在内外业务上的分工与合作；对于方太电器，这种机制是另起炉灶，区分不同观念的使用场景；不一而足。根据娃哈哈的经验看，家族管理者之间的矛盾对立正面化、具体化、形象化，很有可能导致权威较少的一方进一步失去管理者身份的合法性。

第三，继承人在推进可能影响其合法性的战略变革时，要注意节奏，循序渐进。特别是当企业已经存在多个明显的利益相关者时，同时推行多项激进式变革，打击面太宽，减少了可能的盟友。家族企业的组织系统可以被看成一个政治联合体（Weber and Waeger，2017），权威的一个来源是公司内部及其周边重要政治力量的支持。同时打击过多的政治力量，很有可能会孤立继承人，即使继承人来自家族，具有自然而言的合法性优势。组织理论对于这种变革的基本建议是，小步慢走地推行战略变革，特定时期只针对特定主体进行改革（Kellogg，2011；Maguire et al.，2004）。

第四，家族管理者权威的建立部分地依赖于其过往的成功经验。

成功可以论证合法性，从而带来进一步的成功。这一规律虽然残酷，但却是获得合法性非常重要的经验总结。对家族企业的继承人来说，这无疑构成了一个巨大的挑战。算上最初从基层做起的时间，宗馥莉在接班前后积累了10年的经验，同时还拥有其父慷慨的资源支持，但仍然没有快速地在家族的企业中创造一个关于自己能力和品质的神话故事。从文化观念的视角看，这是一段不很成功的经历，权威与合法性的构建没有可以借助的文化资源和文化工具。事实上，在见习领导者几年之后，宗馥莉仍然面对着父辈的怀疑，就像她说的："他不能认同我，这是我最大的挫折。即便是一个职业经理人，如果你的老板不认同你，你也会觉得很伤心，对不对？"如果宗馥莉在接下来的公司转型中，特别是在数字化运营或是多元化业务上，持续做出引人瞩目的成绩，哪怕这种成绩只是依靠好的运气，都有可能成为她进一步建立合法性的文化基础。

综合上述观点，读者不难发现，合法性作为管理者建立权威时所需的重要非经济资源，能够直接影响组织系统的进一步发展和演化。获取合法性是一个历史性的过程，通常要涉及多种主体和多种策略。有效的策略组合能够帮助家族管理者，特别是第二代接班人获得领导企业的合法性地位。

创业精神与组织系统持续性

讨论组织的社会网络嵌入性，实质上把家族企业看成了一个网络系统。讨论组织管理者的合法性和权威性，实质上把家族企业看成了一个文化-权力系统。本节将讨论第三个社会视角——文化价值观视角，这一视角实质上把家族企业看成了一个观念系统。观念系统存在于每一个组织之中，在悄无声息间引导了其成员的几乎所有行动。对家族企业而言，其中比较重要的文化观念是所谓的创业精神。创业精神是指管理者或创业者进行日常活动时，观念系统中存在的开拓性目标、观念、方法与风险承受能力等价值观。很多学者将家族企业的创立过程视为创业者充分运用创业精神，改变客观世界的结果，同时将组织的创新视为一种创业精神施加于实践的产物。伴随着家族企业的发展，家族成员的创业精神通常会逐步减弱，如何保持创业精神，促使家族成员在不断自我革新的道路上获得进展，是家族企业进行战略创新、达到永续经营理想的重要步骤。

企业实践中的创业精神

作为一种文化价值观，抽象地讨论创业精神可能让本书的读者很难理解，以下我们将通过三个具体例子进行讨论。

第一个例子来自近期正在进行家族交接班工作的新希望集团。刘永好的女儿刘畅在成为集团公司董事长之后第一时间表达了她对自己未来行动方向的看法。她说："到现在为止，我不停地听到人家讲，新希望是养猪的、做饲料的，这都是对新希望的碎片化理解。而在我的心路历程中，我不喜欢富二代这个称呼，我很希望被称为创二代，压力和动力一直在博弈。"刘畅的此番表态反映了她对塑造全新新希望公司的目标。在正式执掌新希望之前，刘畅就已经在几个行业做出了创业尝试。她后来也承认自己的创业经历的粗糙性，并认为她仅仅是作为一个初创者去参与企业经营行为的。在意识到企业运营中需要和税务、公安、上下游供应商等多方对接洽谈，需要消耗大量精力和时间后，她还是选择回到家族事业中去。她说："当你的积累越来越多，变得越来越自信的时候，原来的压力会变成背后的动力来支持你。我和互联网创业英雄们对话，发现大家做的东西从根本上是一样的，在企业家精神和模式上是异曲同工的。未来如果把养猪行业做得时尚，让大学毕业生都愿意来农村了，我会很 enjoy（高兴）。"创业精神在此体现为最高管理者通过基层非家族业务进行锻炼，培养出看待家族企业的不同视角，借此改造家族企业的原有经营模式和身份认同。

第二个例子来自奢侈品服装品牌杰尼亚（Zegna）。作为世界上最为著名的羊绒服装制造商之一，杰尼亚已经拥有超过百年的家族企业经营史。该品牌在设计上和产品上一直保持着高度的活力和冒险精神。同时它也是最早进入中国市场的奢侈品服装品牌之一，早在 1991 年市场机会尚不明显的时刻，杰尼亚就已经进入中国。它秉承的理念是"强大的家族打造强大的企业，强大的企业造就强大的家族"。这里家族的强大最主要指的是家族的家训和祖训的强大，其主要内容是一系列强调持续创新的家族传统。在这里，创业精神主要反映的是家族利用其内部传统进行持续创新的精神。家族成员在成为董事会成员之前就已经沉浸在家族不断变革的基因之中了。简言之，杰尼亚进行不断自我革新，保持创业精神的方式是保持家族传统，而这种传统就是不断地进行创业和拓展。

第三个例子来自已历经四代领导者的李锦记集团。李锦记集团在其超过百年的历史发展过程中经历过两次分裂和由此带来的两次重生。在逐渐的学习和摸索过程中，该企业逐渐建立了华人世界最成功的家族委员会制度。家族成员在家族委员会中商议家族未来发展的战略方向，并在此过程中不断进行自我革新，避免对特定观念和方向的过度承诺。形成的决议需要绝大部分委员会成员同意，避免了过分依赖单一管理者。家族决议再纳入公司日常的董事会运作中。通过家族委员的集体领导，家族企业不再限定具体的接班人，家族的创新和战略都通过多元化的讨论过程产生。这里的创业精神主要体现为对公司未来发展方向的再思考和再出发。支持这种反思性活动的不是个人的创业精神，而是制度化的家族委员会和董事会。家族委员会负责不断调整公司战略，董事会则负责将战略具体化和落地。创业精神不仅体现在个人层面，还体现在企业层面。

培养创业精神的现实策略

讨论培养创业精神的前提是认同这种内在特质是可以通过有效的引导和有目的的行为激发出来的。虽然对很多第一代企业家而言，他们发现自身的创业精神和潜力的过程是一个无计划性的自发过程，但这不意味着无所作为地期待下一代的创业精神能够瓜熟蒂落是一个有效的策略。有些企业家也可能认为如果他们子女身上有创业精神的话，应该在童年时期就能观察到。这种假说是没有获得任何科学数据的支持的。总之，家族企业的管理者应该首先认识到，创业精神的维系和创业者的再创造是需要干预的，不是也不应该是一个完全自然的过程。基于当今的管理理论，作者提出培养创业精神的三类策略。这三类策略彼此相互衔接，有时相互重叠，有成效地执行它们将有助于家族企业延续其创业精神。

策略一：完成创业者身份转化

家族企业应当首先关注和引导子辈完成从家族财富消费者到家族财富创造者身份的转化。应该通过正确的引导，使得家族企业的继承者认识到自己完全有能力为企业和家族"做加法"，成为新的业务和产品的创造者。这种身份的转化是一个非常复杂而微妙的过程。虽然它看似简单，可能在某一个简单的瞬间就不为人知地发生了，但为了促使这一瞬间的发生和在身份转化发生后如何保持这种身份则需要企业做出进一步的努力。管理学研究最近30年在关于组织和个体身份的研究上获得了突破性进展，我们借用这一理论流派的成果来进一步讨论这个问题。

培养创业者身份要牢记"欲速则不达"的古训，很多家族企业都容易陷入过分急躁的陷阱中。在没有明确目标或训练的前提下，直接或间接地强迫下一代进行"创业活动"，通常会扼杀继承者的创业精神。创业精神通常需要比较自由无约束的心智模式，急迫的心态恰好扼杀了这种心智模式。创业精神的发挥需要对事业自内而外的激情，过度的催促很有可能消耗这种激情。最理想的状态是，家族的年轻成员们将保持创业精神看成一种"情感伦理"而非一种"责任伦理"。

保持后辈创业者身份的过程，通常需要前辈调用"愚蠢术"（March，1976）。这里的"愚蠢"并不是现实生活意义上的愚蠢，而是在组织决策情景下的愚蠢。如同组织学宗师詹姆斯·马奇所说，现代组织非常擅长使用理性，建立看似高效的组织惯例。但问题在于，一旦经过优化，惯例就会结构化地持续约束后续行动，进而阻碍进一步优化或者对其革命性改造的过程。成功的创新在最开始看来都是愚蠢的，如果想要获得创新的成果，就需要管理者暂时将极端的理性搁置，使用不同的态度来对待创新。一个常见的陷阱是，经验丰富的管理者经常认为自己的经验和直觉能够判断"愚蠢"能否最终走向成功。但大量对于创新过程的研究发现，这种想法通常会扼杀很多有效的创新，而且是否经过有经验管理者的审核并不能显著预测创新的成果（March，1995）。"愚蠢术"既是一种刺激创业精神出现的激发机制，又是一种对于创业精神的保护机制。当然，使用这种技术并不意味着组织整体走向非理性，它只是意味着管理者应该在一定的范围内保持对于看似"愚蠢"实则可能有远大潜力之事的耐心和理解。

策略二：创业精神具体化

创业精神具体化的策略，是指将看似虚无缥缈的创业精神转化成能够操作的概念或是能够调动的实体。具体地说，这一策略包括三种方式：行动化、知识化、符号化。

"行胜于言"，所谓的创业精神行动化是指家族企业管理者通过将所表达的价值观转化为具体的行动来直接影响家族的继承者。如果不能转化为自身的具体行动，继承者们很容易将父辈的言谈视为一种无意义的说教，因为其中折射的信息是父辈本身都不相信他们所说的内容。把创业精神行动化意味着信息的传达者要真的承担代价，把所说转化为所做，这能够直观地告诉信息的接受者在创业过程中所能获得的内在满足感。

创业精神知识化的基本思路是将创业精神的主要成果，包括特定的心智模式、创新思路、家族成员参与方式等内容编码为知识，通过知识的传授和教育，间接维持创业精神。在传授这些知识时，企业需要做到提供详尽的解释。今天很多中国家族企业都很擅长向包括子辈在内的年轻人阐述传奇的发展故事，罗列管理家族企业的根本道理，但是一个比较欠缺的部分是没有细致地花时间和精力去解释为什么它们对于某些根本价值的坚持是有用的。只有例子，没有详解，是很难将创业精神成功延续下去的。

家族传统的符号化是指在传递某些创业价值时，企业首先要塑造想要保留的记忆是什么，然后选择合适的载体（故事、戏剧、绘画、雕塑、歌曲），突出某个想要传达的重点信息。这一策略的有效性来源于两点。其一，家族成员更容易无意识地接受符号化的信息。虽然某些符号并不一定能立刻被家族成员理解，但在经历较长时间的管理实践后，他们印象中的符号能够与实际经验发生连接，从而激活记忆，实现符号的实质意义。其二，某些符号能够激发参与者正面的情绪反应，从而将坚持创业精神与积极反馈衔接起来。家族成员能够在符号的展现和使用中，获得更好的自我认知。

策略三：克服阻碍创业精神延续的常见问题

促成创业精神的延续还需要克服几个常见的管理问题。第一个问题来自家族内部的地位风险。在家族再创业的过程中，不可避免地会出现对原有业务的调整，这种调整可能影响部分家族成员在家族和企业内部获得的既有地位。为了避免再创业受挫，家族应该尽早对此类业务做出统筹安排。一种思路是将所有业务都统筹到一个管理核心旗下。这个管理核心可以是单一的管理权威，也可以是由家族成员形成的委员会。这种思路本质上是将家族成员在具体业务和单位上的利益移除，统一安排。另一种思路是尽早分家，将不同业务单位的经营权利分割给不同的家族成员，彼此之间形成类似市场化的竞争途径。这种思路本质上是把利益矛盾市场化，由竞争决定最终的结果。

第二个常见问题来自公司管理的注意力偏移。企业运作的一个特点是，在特定时间点，管理者注意力通常只能聚焦在特定问题上（Ocasio and Joseph，2017）。能够获得较多注意力的事项通常是那些能够在短期内带来变化和结果的事项。由于家族企业创业精神的培养是一个长期的过程，拥有创业精神和享受其积极结果之间有很长的时间链条，因此，主要关注解决当下问题的管理者很容易偏移注意力，忽略对创业精神的关注。克服这一问题的基本思路是提升家族对创业精神的有意关注，即使在最为忙碌的时刻，仍然要找出时间和精力关注创业精神的问题。事实上，这些时刻恰好是培养创业精神的最佳时刻。

  第三个常见问题是家族企业的债务风险问题。当家族企业再创业时，家族通常会面对比较严重的融资困难。新的产业通常需要企业投入较大额的资金进行开发，而家族企业的内部融资方式又很容易使其陷入融资不足的困境中。应对此问题的基本策略是家族企业选择好再创业试验的时机。所谓阴天下雨，不修缮屋顶。当家族企业的整体竞争环境不佳时，首先应该考虑的是如何生存下去。只有当企业经营状况良好时，才可以有计划有步骤地进行自我革新，通过新的产业创新机会培养下一代。

第六章

家族企业与国家

中国人除了家庭,没有社会。
_ 梁漱溟(中国思想家)

家庭是早期版本的天堂。
_ 萧伯纳(爱尔兰剧作家)

在世界范围内，家族企业是极为常见的企业形态。根据哈佛大学的调查数据，全球大约 2/3 的企业是家族企业。家族企业提供了超过 70% 的 GDP（国内生产总值），解决了超过一半的劳动力就业问题，是当代经济最为重要的稳定器之一。家族企业在全球范围的发展各具特色，都适应了所在国的商业和政治环境。与此同时，它们又有高度的相似性。本章作者从不同国家的角度出发，讨论家族企业在世界各国的发展。

无处不在的家族金字塔

虽然常常被人忽视，但一个重要的事实是，几乎所有国家的第一批大公司都是家族企业；在今天高度发达的工业化国家，伴随它们向后工业化发展的排头兵，很多时候依然是家族企业。英美经济给世人一个错觉，似乎盎格鲁—美利坚式的分散股权加上声称以股东利益为目标的管理者资本主义才构成了这个世界上唯一正确的公司治理体系。实际上，以金字塔控制为主要形式的家族企业控制了世界上大量国家的基本经济。它们从纵向的历史维度和横向的同伴视角为我国的家族企业治理和管控提供了许多经验。

作为少数派的美国式公司治理

在全球化的今天,我们打开电视或者接入互联网,就能迅速发现美国式的资本主义在席卷全球。我们随时能够看到纽交所和纳斯达克发生的金融新闻;我们向来自硅谷并且受到华尔街追捧的高科技公司求取管理真经;2008年美国次级贷款泡沫破裂像是一次流行性感冒,让整个世界的大小企业都跟着染病。现代化的美国成为经济发展的一种符号,势力强大的华尔街携带着它定义的企业运行和发展过程,在世界范围内塑造出一种公司治理系统迷思。在美国,家族企业似乎是一个过去时。美国人有各种知名的财富家族,不论是从辉煌历史中走来的范德比尔特、摩根、杜邦、洛克菲勒还是今天频频登上娱乐新闻的卡戴珊和希尔顿家族,但它们今天似乎不构成商场上的主流。美国的大企业主要是被一群精英经理人和大型机构投资者控制着。美国发育出世界上最为发达的资本市场和最为分散的股东群体,想尽办法多持有一些股权的通常也是机构投资者。很多家族的财富通过基金会分散到各个机构投资者手中,从而使这些机构间接地持有大量公司的少量股票。近年来从硅谷蓬勃兴起的高科技企业在企业生命的早期就引入了机构投资者,虽然公司创始人可以通过高投票权的股票来保住其对公司未来发展战略的决定权,但是公司的家族特色则迅速消退。

美国人非常信奉自己持有的自由观念，这个建立在移民者基础上的国家一贯有自下而上形成制度和体系的意愿。它们的资本市场和公司治理体系也是它们标榜自由的重要范本。来自美国的经济学家往往略带无知地认为接受了良好教育的外国人理应在公司治理上仿效美国实践，采纳自由原则。互动中来自他国的管理者和学者却又认为美国同行似乎有些过于天真，甚至认为他们对自己公司实践的信心达到了不合理的自负。

美国人的文化观念里对自己公司治理的自信部分地来自与其大西洋对面英国表兄的一致性。虽然在 20 世纪初，有权势的家族控制了大量的企业，但在过去一个世纪的发展中，由于银行体系的缺失，英国的公司不断地发售股票来获得增长所必需的融资，从而一再稀释家族企业的股权。这种从集中到分散的过程如同美国略带自由意味的公司所有权变化。但与美国不同的是，英国大量的股票发行是在非正式的和缺乏管制的资本市场之外进行的。在股票和控制权的问题上，英国人身上似乎保留着骑士精神：他们在交易所外的私人交易中既保持了价格的合理，又尽量避免会影响股东信任的败德行为。

资本主义是围绕资本的生产和配置组织起来的经济体制。对于英美投资者，他们通过分散地投资公司债券和持有多个公众公司的股票来配置其储蓄资产。投资者如果是机智敏锐的（或用更抽象的词，"理性的"），他们就能够了解自己所投资的公司并避免投给浪费资本的公司。这套体制需要投资者相信公司的运行是有效率和无欺诈的，因为公司的大小事宜都被委托给了职业经理人。为了确保公司治理的质量，资本市场和监管者要求公司巨细无遗地披露财务状况、高管薪酬和内部人持股状况，司法系统也随时待命，用法律来约束不诚实的管理者。这套体系与家族企业的治理逻辑截然不同，后者的信任建立在天然的家族关系上而非外部的约束上。家族企业的治理实践在今天的英美并不是主流。

英国和美国作为工业革命之后曾经先后成为世界霸主的国家，拥有相似的公司治理体系和共同衰弱的家族企业，并且不遗余力地向世界传播它们治理模式的优越性。但从世界范围看，它们却又是公司治理的少数派。正如施莱弗（Shleifer）和他的同事（1999）所说的那样，家族资本主义是这个世界的通用公司治理体制，而盎格鲁-美利坚式的股东资本主义则是一个美丽的意外。其他国家的大企业通常都是大型企业集团，它们或被极富的老家族控制，或被强大的金融集团控制。

无处不在的家族金字塔

我们需要认清的一个基本事实是，这个世界上绝大部分经济体的最主要构成部分都是家族企业。这种普遍性不仅体现在家族企业数量巨大的发展中国家，也体现在很多发达国家；不仅包括今天的治理现实，也反映了很长历史时期内的基本情况。接下来笔者将首先分析金字塔体系这一家族控制的主要手段，随后从发达国家到发展中国家来对家族企业做出分析。

家族企业对于经济资源和经济力量的控制主要是通过金字塔模式的控制实现的。顾名思义，金字塔体系呈现三角状态。位于塔顶的一个极为富有的家族会控制一个极有实力的公司，由这个公司控制着更多的子公司，子公司再控制更多的孙公司。在这种情况下，家族通过控制顶端的一个公司，就可以间接控制几百家上市和非上市企业。

美国历史中的家族金字塔

这种经济系统安排听上去非常不民主。但这个有趣的悖论就发生在一百年以前的美国。当时诸如洛克菲勒家族和摩根家族这样强大的银行和家族财阀通过金字塔式的持股控制着大部分的行业和公司。他们对于这些公司的控制力非常强，从控制管理者到决定公司未来的一切方向。一个世纪前的大亨们享受着在一片广阔国土上拥有巨型公司的乐趣，他们很难料想到欢乐的聚会很快就会结束。

重大的转折来自20世纪前半夜，尤其是最为严重的经济危机和罗斯福总统主政时期。首先是城市中产阶级不断兴起。在当时华尔街主流媒体的引导下，大量新富的中产阶级将财产投向股市，在经济上的民主化力量开始彰显。颇为讽刺的是，中产阶级的稳定工作是由非常不民主的巨富家族企业提供的。这种民主化趋势同样体现在民众对于政客的影响上，横向整合的托拉斯被法律禁绝。接下来，在1929—1933年的大萧条中，美国一些重要的金字塔企业被击倒，民众将它们的衰亡和家族控制联系在一起。从此家族控制企业被人们视为一种落伍的选择。罗斯福政府顺势而为，出台了一系列打击家族势力的法令，使得当时由大家族控制的巨型财阀解体。在二战结束之后，解甲归田的军人大量参与到企业实践中，公司很快分化成不同的事业部门。一批接受过专业训练、拥有管理大企业经验的经理人攀升到公司上层，家族企业的势力自此真正进入一个持续的衰落期。在最近的二三十年，全球化浪潮促成了美国的金融产业和其他国家制造业的整合。剩余的大量家族企业也变得越发的"乐高"化，将生产过程外包出去。美国的家族企业开始变成一系列的资产团块。家族企业管理中空化，资产管理和家族基金会成为真正的家族资本话事人。

加拿大家族金字塔的沉浮

美国和自己的表兄英国在公司治理系统上一脉相承，但他的亲密朋友和好邻居加拿大则呈现出另外一幅图景。由于漫长的法国殖民史，加拿大从宗主国那里继承了重商主义传统。不过，在大萧条时代，大量富有家族被迫变卖财产，开始了快速地去家族化过程，到20世纪中叶，加拿大的主要大型企业都变成了公众公司。然而，从20世纪60年代起，加拿大政府加强了对经济的干预，政企关系的重要性不断提升，从而使得家族企业在前文所述的"特殊主义"方面积攒的技能优势重新发挥出来，家族企业的势力重新崛起。加拿大建立了一个不同于美国的、以银行为核心的金融体系。今天的加拿大超过一半的商业集团是由家族通过金字塔的方式控制的。另外接近一半的经济系统则是与美国较为接近的大众持有的公众公司。

欧洲大陆强国的金字塔体系

欧洲大陆上的几个重要经济强国也是家族金字塔控制的典型代表，包括法国、德国、瑞典和意大利。法国家族企业的发展体现了历史事件从长期上对公司治理体系起到的塑造作用。在资本主义发展之初，法国历史上出现了多次金融诈骗事件，法国王室、贵族和商业精英们遭受了几次灭顶之灾，从而为人们留下银行系统和资本市场不可信任的历史印记。这个浪漫的国度对于金融系统采取了非常不浪漫的态度，这直接表现在：依据法律制度，家族企业的财富被禁止托管给信托基金，只能将财产传承给家族的后代。法国的大企业非常保守，它们通过与政府建立更为紧密的关系来保护自己的利益，从而在很长的时期内维护了家族企业的地位。

在德国，占据控制地位的几家大银行控制了规模最大的企业。剩下的中小公司则由家族控制。人们乐于追求技术进步，愿意成为资本主义世界的"隐形冠军"，所以富裕家族的首要想法是如何使用少量资金来获得对公司尽可能多的控制权。自从二战结束之后，德国法律禁止多种投票权股份的存在，金字塔式的安排成为德国企业的最重要形式。

相比于其他的主要经济体，德国的家族企业体系实际上与地方社区有更为密切的联系。从治理结构上看，德国企业采用的双层委员会能够在监事会层面容纳更多重要的利益相关者，包括公司的员工代表、银行和合作伙伴方面的人员。从组织结构上看，德国企业高度扁平化，基层员工能够经常性地接触到公司的战略高层。从博世、宝马等典型企业的管理实践看，德国家族企业高度重视员工的福利水平，通过多种手段增加员工的主人翁意识。这些行为被欧洲发达国家的人民视若平常，但在美国企业看来则过于不理性，认为这会消耗大量本属于"投资者"的资源。随着全球范围内创新竞争的加剧，德国家族企业的模式和做法正在凸显其优越性。

相似的故事发生在瑞典，作为极为现代化和平等的社会民主模式的代表，瑞典人对国内的富有家族表现出极高的信任，即使这些家族几乎控制了公司治理的所有权力。在公司治理问题中，历史条件是重要且会留下长久印迹的（Davis, 2015）。瑞典公司治理的现状源于它们约60年前进行的社会民主制度实验。在几十年中维持执政地位的瑞典社会民主党一直希望国内的主要企业和资本控制在本国人手中，所以它愿意为已经获得控制权的家族进行担保。这些家族在更早的时期通过持有少量的超级投票权的股票和金字塔持股的方式获得了控制权，它们也乐于接受社民党的政策来维持自身地位。这种极为稳定的政商关系曾经在一段时间内为瑞典带去了稳定的高增长，但最近三四十年全球化环境中外部环境的持续冲击也凸显了瑞典现有制度灵活性不足的问题。

意大利是欧洲大陆上典型的政府和家族企业资本主义国家。与法国相似，这种模式的形成是因为受到更长时间国情的影响。大萧条时代引发的整个资本主义世界的经济危机也影响到意大利。在大量银行破产之后，法西斯政府上台，并将主要的企业资产从银行中剥离出来，纳入一个由国家控制的金字塔式集团之中。造成的影响并没有随着法西斯政府的倒台而结束。人们依然非常信任政府对资源的配置作用。在这种背景下，少数家族集团获得了充足的政治资源。虽然今天意大利也拥有为数不少的上市公司，但它们中的大多数是金字塔体系的一部分，政府和特权家族控制着其中的大部分。特权家族的不良影响是巨大的，比如因为各种丑闻被人们传为笑谈的意大利前总理贝卢斯科尼，其家族就是意大利最为重要的财富四大家族之一。特权家族在政府中获得很高地位，从而进一步获取了有利于自身的财政补贴政策。

东亚的金字塔家族企业

远在东亚的新兴强国日本发展出了与德国相似，但更为复杂的公司治理体系。简单来说，从明治维新开始，迫于财政压力，大量政府持有的企业被私有化。三菱、三井、住友等在封建时代积攒了大量财富的财阀家族得以控制这些企业。财阀家族都拥有各自的银行，所以能够在战后的困境中生存下来，并在随后的经济起飞中获得快速扩张。由于银行在日本公司治理体系中起到的决定性作用，拥有大型银行股权的家族企业得以在家族层面上最大化自己的资产。财阀的巨大势力已经渗透到政治过程之中，阻碍了日本金融改革的步伐，资本错配的问题难以解决。时至今日，尽管日本仍然在"失去的二十年"中不断挣扎，但其家族企业则获得了巨大的回报。

在讨论完发达国家的家族企业和金字塔结构之后，我们对家族企业在现代经济中的重要作用有了全新的认识。哪怕是高度发达的经济体也不能脱离这一最传统的形式。学者们的普遍认识是，由于发展中国家市场制度的不完善，家族企业集团在很多情况下会部分承担起市场支持机制的作用，所以发达国家的家族企业绩效和使用范围都会更大（Khanna & Palepu, 1997）。

发展中国家的家族企业

在拉丁美洲的墨西哥和阿根廷等国家，小部分非常富有的家族通过搭建企业金字塔的方式，控制了几乎整个国家的大公司。这种经济系统安排听上去非常不民主但出人意料的是，这些极富家族往往受人尊敬，因为他们在很大程度上弥补了政府的不作为。由于法律环境，尤其是对投资者保护环境的薄弱，普通民众缺乏其他可以信赖的对象，他们最终选择支持成为国家头面的家族。但是这个过于集中的系统存在着很大的风险。家族成员由于缺乏足够的领导力和冒险精神，从而影响到整个经济体的效率。另一个严重的问题是，异常强大的家族能够通过游说、培植代理人等多种方式影响公共政策，从而为竞争者的加入设置壁垒，维护其既得利益。

相似的故事发生在我们的南亚邻国印度。最近半个世纪处于印度商业领导地位的塔塔集团源起于英国殖民统治期间关税和政府订单的支持。这种对殖民统治政府的依赖性让塔塔集团在民族独立的过程中保持中立，并未向革命者提供支持。其直接影响是塔塔很少能再得到成功转型为民族国家的印度政府的支持，其操纵政治的能力也直线下降。有趣的是，在政治不利的情况下，塔塔的发展反而日趋现代化，并且具有很强的创新能力，在印度的经济生活中依然占据主导地位。对新兴经济体而言，这是一个很好的经验，大型家族企业集团能够跨越政治上的约束，并且通过自身的努力克服市场的缺陷和制度漏洞，充分培养创业导向。

在本节，我们讨论了家族企业这种治理模式在世界范围内的普遍性。在知识经济和信息经济逐渐成为经济支柱的当今年代，家族企业仍然是决定世界经济最重要的力量之一。世界 500 强企业中，有 1/3 是家族企业（Gomez-Mejia, Larraza-Kintana, Makri）；很多发达国家和重要经济体的就业问题主要是通过家族企业解决的；家族企业创造的财富不仅被传承和扩展，而且还被无私地大量投入科学、文化、艺术和人道主义领域，为经济的长期繁荣做出贡献。家族企业对现代经济举足轻重的作用被忽视了，它们理应受到更多尊重。

国际经验与中国道路

在讨论世界家族企业对中国家族企业的启示之前，作者想首先讨论一个东西方根本性的差异——产权的差异。这个差异是中国家族企业和西方家族企业迥异的一个重要出发点。弄清这个基本的社会前提之后，我们会总结几点家族企业发展的根本趋势，以期帮助中国的家族企业以更为宽广的视角来审视它们的未来。

东西方产权差异

产权是今天经常出现在媒体和人们对话中的一个日常用词，不管它背后有怎样的法学和经济学内涵。简单来说，产权是指人们对于自己名下财产的所有权和自行使用与处置的基本权利。总体上讲，人们普遍感到西方国家对于产权的保护超过了我国对于产权的保护，但人们也正在越来越多地感受到中国对于产权保护的逐渐重视。改革开放之后的一定时期内产权边界的模糊性曾经给中国家族企业和财富家族带来不少困扰，这直接改变了他们的行为，比如他们更多地选择出国投资或是隐藏财富。我们应该承认产权实践和观念曾经或者仍然影响着家族企业，但武断地做出孰优孰劣的判断也是不合适的。随着分析的深入，我们会发现产权的差异不仅仅是一个法律层面上的差异，更反映了不同文明系统看待财富方式的差异。

从源头上讲，地中海沿岸的以色列和希腊是现代西方文明的重要起源，这种传统可以追溯到《圣经》中。今天西方文明对于产权的重视，源于它对古代地中海商业文明的继承。由于地中海文明热衷于开拓殖民地，这些分散的飞地和岛屿到底归属于谁就变得异常重要。在强大的商人团体的支持下，国家在法律层面上给予私有财产保障。不过略显讽刺的是，这种财产的保障是"大老爷们"的财产保障，他们在资本主义发展到殖民时代时，似乎也并没有考虑那些被奴役人民的产权。

与西方不同，中国的文明发源于黄河与长江流域的种植业。在农业技术不甚成熟的时期，人们需要聚集在一起精耕细作，家族成为生产的基本组织单位。家族的集中是与财产（主要是作物）的集中同时出现的。特定地区的农业生产既然已经由家族控制，那么，即使没有法律的约束，家族也足以保护财产。所以从一开始，国家就并未深入到具体产权的划定中。这种法律条文上的模糊性并没有造成很严重的后果。实际上，由于家族的控制和保护，人们建立了一整套不成文的行事规则，也极有效率地发展了农业经济。

东西方文化的影响，直接体现在东西方人处世方式的不同上。西方文化是比较典型的个人主义，高度重视个人自由，广泛强调自我支配、自我控制、不受外来约束的个人或自我。而东方文明则是比较典型的集体主义，高度重视集体力量，主张个体从属于社会，个人利益应当服从集体、民族和国家的利益。我们在现实生活中经常能发觉这样的现象，中国人在一起购买商品或是外出聚餐时，到底谁应该付多少，界限经常是模糊的。而西方人即使结为夫妻，冰箱里的食物也需要区分你我。作者无意评价两种文明的高下，但想提醒读者注意我们生活和生产中根基性文化的差异性。直接把西方家族企业对财富的看法拿过来，往往是要犯错的。

东西方对于产权的差异随着工业革命和殖民时代的降临变得更为明显。西方文明利用它在科学技术上的突破，迅速提高生产力，从而在短时间内积累了大量社会财富。由于从历史上就有清晰的产权概念，在此问题上，西方社会内部并没有出现很大的利益纷争。他们为了输出产品，获取资金和原材料，展开了对落后国家的殖民统治。中国的近代史就是一部中国如何被卷入资本主义世界体系中的屈辱史。由于经济上成为发达资本主义国家的附庸，我们并没发展出足够的基础性重工业。为了获得民族的独立和自强，我们有必要拥有独立的重工业，能够自己炼钢、发电、冶金，乃至发展化工业和机械工业。这种诉求成为20世纪初中国仁人志士的基本共识。

在这样的社会背景下，当同样是落后国的沙俄通过十月革命和随后的赶超战略在极短时间内建立起基础工业体系之时，中国人找到了可以治疗自己民族伤痛的药方。我们成功地实现了革命，摆脱了旧中国贫穷落后的面貌，改变了半殖民地半封建社会的基本性质。为了真正屹立在世界民族之林，我们也在20世纪五六十年代选择赶超战略（林毅夫，2008），通过集中社会极为有限的资源——钢铁、粮食、资金、设备，迅速建立了工业基础。由于赶超战略是对全社会资源的统一调配和调动，在那个时期，产权的问题成为次要的二阶问题。

直到改革开放时期，产权界定问题才逐渐引起人们的关注。标志性的包产到户是在几年中逐渐实现的，其合法性有一个渐进的积累过程。特区开发作为另一个标志性事件，则在引入外资时将更多的产权意识纳入普通中国人的生活。整体上，中国第一代家族企业创业者是在前景不知如何的情况下展开他们对财富和美好生活的追求的。虽然整个社会开始一点点地重视产权，但中国集体主义文化的长期影响加上改革之前国有和集体体制的核心地位，让这个产权观念的传播过程显得比较缓慢。

改革开放调动了人们的生产积极性，更多的社会财富被创造出来。当初步积累了财富的人们越发担心自己成果的合法地位时,党的政策引导了人们在实践和观念上的变化。1987年,党的十三大阐述了社会主义初级阶段理论和党的基本路线,部署了"三步走"的经济发展战略,提出了加快和深化经济体制改革的任务和政治体制改革的目标。1992年,党的十四大对于建设有中国特色社会主义理论做了新的概括,明确提出我国经济体制改革的目标是建立社会主义市场经济体制。1997年,党的十五大强调把我们的事业全面推向21世纪,就是要抓住机遇,开拓进取,围绕经济建设这个中心,经济体制改革要有新的突破。这三次会议逐渐显示了党对经济体制改革和产权的重视。这种重视也反映在我们的法律实践中。1982年《宪法》规定了公共财产神圣不可侵犯的原则,同时特别提出对公民合法收入包括储蓄、房屋等其他合法财产进行保护,保护范围不再局限于生活资料。这种表述,实质是一定程度上承认了私人财产型收入,即承认个体经济的合法存在。1986年《民法通则》颁布实施后,我国制度立法开始逐渐保护个体经济和私营经济的合法权利,并对私有产权默许,公民的财产权被进一步具体化。2004年《宪法》修改时,对于私有财产的保护通过国家根本大法的形式被纳入法律实践中,到这一时期,中国家族企业积累的财富已经在原则上受到足够的保护。产权的保护最终通过2007年出台的《物权法》,得以进一步落实和细化。

从政策和法律的变化,我们不难理解家族企业曾经对于自身财富不安全感的来源,也不难理解家族企业对此做出的种种保护性措施。当我们在讨论西方家族企业对于中国家族企业的启示意义之前,我们必须充分了解第一代家族企业家长期身处的基本社会环境，这有助于我们更好地理解他们对西方经验的态度。

世界家族企业的启示

在以世界视角探讨了如此之多的公司治理实践和历史之后，作者在此想总结几点根本性的趋势，这些趋势能够帮助我们以全人类的视角来审视今天中国的家族企业和与其相关的公司治理事务。

第一，使用英美公司治理的经验时，我们必须重复考虑适应性。虽然英美在经济上长期领导过整个世界，但它们却是这个世界的少数（Weber，1978）。而金字塔持股的普遍性远超人们的想象。英美承袭了较为经济民主化的历史，也是最早推动经济全球化的国家，其普通法系为中小投资者提供了较大程度的保护，拥有高度发育的金融市场，这种基本制度条件的组合有利于塑造今天英美以公众企业为核心的体系。局部地乃至断章取义地学习英美企业，很有可能陷入水土不服的境地（Rumelt，2012）。兼听则明，偏信则暗，要确定中国家族企业未来的走向，一方面需要参考英美领先企业的经验，另外一方面也要充分吸收其他国家家族企业积累的经验。事实上，后者才是世界范围内家族企业管理经验的主要来源。

第二，公司治理受到法律和政治环境的深刻影响。法律和政治环境塑造了企业可选择策略的集合。法国的法律安排让那里的家族企业只有向下传承这一种选择。深受法国法律、政治和文化影响的加拿大推出的松散遗产税条款，也极大程度地刺激了家族势力在最近几十年的兴盛。意大利的财政政策环境实际上扶植了家族企业的金字塔结构。日本也出现了相似的状况。美国的法律和政治实践则摧毁了家族金字塔控制系统，家族的财富只能通过高度市场化的手段间接实现保留。每一次法律和政治环境的重大变革都会重塑家族企业生态。慑于对政策的依赖，在一些国家，强有力的企业家族试图操纵这一环境。对于身处强政府环境的中国家族企业，它们需要随时关注法律和政治潜在的走向。

第三，家族企业的所有者应当以更加宽广的眼光看待自己创造的财富和价值。家族企业的遗产并不仅仅表现在其子孙后代可以通过控制公司或者借助信托基金达成一种经济上的优越性，还表现在文化上的优越性。今天的范德比尔特、洛克菲勒、斯坦福和卡内基之所以被人们铭记，恰恰是因为他们将财产转移给了大学、艺术馆和博物馆。只要人类存在，我们看不到斯坦福大学消失的可能性，这样的历史遗产何尝不是家族的开拓者和财富拥有者们为家族留下的巨大财富。重新反思财富的意义并在更宽广的范围内保留精神和物质财富，是中国家族企业拥有者们应该重视的问题。

第四，历史和观念力量的突出影响。爱因斯坦说："上帝不会掷色子。"从这个角度看，他是一位决定论者。但在社会发展的历史里，"上帝"经常会掷色子，历史决定论往往是贫乏的（Popper, 2002）。在世界公司治理史上，金融危机、突然爆发的战争、民主浪潮和革命经常打乱原有的家族治理和发展安排，从而使得家族企业走上历史的岔路。

比之历史的突然转向，观念力量作用的发挥则显得缓和许多。但是观念力量一旦形成社会性共识，也会从根本上塑造家族企业。中国家族企业的所有者和控制者，应该冷静地认识到自己创造的家族企业未来可能会因为历史的转向而发生重大变化。任你再杰出，也无法预知人类的未来，培养出永远具有优秀适应能力的接班人才是更为务实的选择。对历史和观念力量的敬畏是家族企业持续发展的必要条件。

第七章

家族企业的困境：站在十字路口

组织将经验简单化、将反应专门化，这样的学习一般会带来极小改进。然而，简单化和专门化在带来改进的同时也让那些改进具有局限性。
— 詹姆斯·马奇（组织理论大师）

颠覆式创新并不是一种完全提升产品的突破性创新，实际上是一种对产品的改进，从而把原来只能由少数理解复杂技术且可以支付高额费用的顾客群扩展成更大群体的过程。
— 克莱顿·克里斯坦森
（破坏性创新之父）

从成功的企业到时代的企业

中国家族企业拥有的辉煌业绩、为中国经济做出的贡献和在世界家族企业谱系中所处的独特位置是我们认可和欣赏的。但是现代企业是一个活的生态系统,商业环境和内部经营会对组织不断提出新要求。在组织理论大师马奇(1995)看来,我们即将进入一个"即抛型"的年代,充满生命力的新的组织会持续出现,也会快速消失。用张瑞敏的话说,今天不再有成功的企业,而只有时代的企业。拥有最传统模式的中国家族企业也必然地走到了命运的十字路口,它们健康的肌体下隐藏着怎样潜在的风险,它们又需要从哪些方面入手来适应未来,这两个话题将构成本章的主要内容。

虽然曾经多次安然驶过暗礁和险滩,但中国家族企业面对的挑战从来都没有停止。中国家族企业接下来将在内外两个方向上面对新的挑战。有些问题看似迫在眉睫,但是可以依靠的经验也比较多。另一些问题则关乎长远发展,虽然当前看似无碍,但长远来看会成为真正威胁家族企业的问题。

家族企业内部经营和流程

家族和企业边界的模糊

在艰难环境中,家族成员的共同参与曾经成就了家族企业。还有谁能比自己的兄弟姐妹、亲戚朋友更为可靠?罗斯柴尔德家族之所以能够在众多的金融家族中脱颖而出,一个重要的原因就是老罗斯柴尔德拥有人称"罗氏五虎"的五个儿子。他们相互配合,在欧洲不同的核心城市开展业务,从而获得了与别人协作难以达到的高度。

但是一个基本的事实是,人有一双手的同时也有一张口。家族企业全民皆兵的安排固然在开拓阶段能够群策群力,但在获得成就之后,也会有很多成员插手企业利益。一个成功的家族企业,通常会寻找到合适的办法,逐渐减少家族成员在日常运营中的角色,实现转型。这个过程通常是痛苦的:从组织的角度看,由于可信赖的家族成员逐渐退出,需要正式的制度来制约和激励替代者,这本身就会带来一部分内部消耗。退出的过程势必引起公司内部权力的争斗,最极端的情况是企业走向分裂。原有的家族优势因为公司的四分五裂变得不复存在,家族企业"基业长青"的愿望通常就此落空。如何划定家族内部关系和企业运营之间的边界,成为家族企业不得不思考的问题。

创新的前景

中国家族企业之中虽然没有塑造出太多世界著名的高科技企业,但是这不代表过去的中国家族企业的创新是失败的。创新不等同于从零做起，也不是创造一个全新的产品、服务、流程或者商业模式。能够快速学习他人成功的经验也能够带来创新。比如美国的推特（Twitter）公司是世界上最早的社交网络及微博服务提供商之一，其业务开展于2006年。而我国企业步其后尘，新浪微博是在2009年上线的，中间相差3年，新浪也并非这种服务的创造者，但这不妨碍新浪微博在随后的过程中不断优化体验，进行边际的改造，从而提供给中国用户高度本土化的产品，最终新浪微博的金融市场价值远超推特。由于中国拥有庞大的国内市场和曾经非常廉价的劳动力，中国企业通过发挥自身比较优势，引进技术，就可以达成创新的效果。

但这种模式最近几年逐渐变得难以为继，其背后原因是综合性的，既有人口红利的削减，也有市场进一步开放带来的直接竞争，还包括不同国家为保护本国幼稚产业设置的壁垒。不管怎样，如果中国家族企业有雄心在未来依然做出成绩的话，它们必须走出这种追随他人和制造低附加值产品的模式，进行更多的创新。但家族企业的创新问题长期以来就是一个难题。自主研发需要大量资金的支持，但家族企业治理结构的封闭性会让很多潜在投资者望而却步。更重要的是，如果家族希望保持自己对企业的控制，那么大量吸收他人的投资就是一个危险的选择。自主研发还需要投入和培养大量杰出人才，但这些知识精英很快就会意识到自己在一个家族企业中没办法获得充足的升迁机会。他们通常会选择在取得研发成果之时离开家族企业，最终很可能成为家族企业的直接竞争对手。因此，如何跨越资金和技术人才的束缚，成为家族企业创新真正的难点。

家族企业的经营难度很大，所需要克服的困难也更多。集管理者和所有者于一身的家族一方面要保证自身能够适应管理的需求，承担起家族的重担，另一方面又要在生活条件优渥的情况下保持整个组织持续向前的动力。在日常的运营中，家族还需要避免对企业日常活动的过分干预。为了保持长期的竞争力，家族企业还需要克服自身在资金和人才上的固有劣势，尽可能地提供创新的产品和服务。

适应环境和未来发展趋势

多重游戏规则的冲突

做企业看似是一套自成体系的行为，实际上却是在多种游戏规则下的灵活移动。中国企业管理者的日常目标至少就要满足两套标准：一套是帮助企业获得最大利益，谋求效率的行为；另一套则是维护企业的基本形象和声誉，谋求企业被社会认可的行为。对家族企业的管理者而言，他们还需要在此之外考虑家族内部的情感诉求。考虑到转型中的中国经历的多元化标准，这并非易事。

管理者就像魔术师一样手抛三个鸡蛋，一不小心就会有一两个掉在地上。曾经野蛮生长的牟其中、黄光裕、吴长江都是财富和家族标准的胜利者，但是他们却触及法律的底线，最终锒铛入狱。作者前期的研究发现，包括上述三人在内的许多中国家族企业的企业家因无法理解法律和社会对企业的规范和要求，而遭受非常严重的财富、声誉甚至自由的损失。不少家族企业的管理者经常使用一个比喻：他们认为企业是自己一手抚养大的"孩子",所以他们理直气壮地认为企业就应该是自己和自己家族的。他们常常忽视了企业已经上市交易,成为公众公司,他们只能在自己的股权范围内行使权力。这种观念的偏差通常会造成行为的偏差。

在家族企业中另一种常见的观念偏差是过去"野蛮生长"遗留下来的问题。过去制度不健全的年代,很多企业家实际上是在法律的边界上发展自己的企业,做出了很多不合规不合法的行为,但这些行为在转型期并没有受到严厉的打击。随着法律制度的不断健全,企业家必须反思自己的行为,改正过去习以为常的行为,避免给企业的长期发展带来不必要的麻烦。

社会网络的代价

社会网络对于转型经济体的正面作用已经在全球范围内得到认可。人们通过社会网络得以与自己信任的伙伴进行交易,从而避免与陌生人交易带来的风险。家族企业可以通过与社会网络中特定的主体建立长期友好的关系,在困难时期获得帮助。家族企业的政治连带关系还能够使企业家较早地认识到政策的调整,从而充分利用新出现的市场机会。每一个成功家族企业的背后,一定有一个异常庞大且功能顺畅的社会网络体系。

但维持社会网络也需要企业付出巨大代价。可见的代价除了日常的互动费用之外,还包括支持为数不少的会损害自身利益的交易带来的成本。企业规模越大,这种维持成本就越明显。由于家族企业所特有的家族性、社区性和关系性，维护其社会网络的代价尤其大。隐性的代价则是企业因被困在当前的熟人网络中而错失的信息资源。这个问题不难理解，如果和你发生互动的人都是非常熟悉的亲朋好友，那么通常他们所知道的事情也是你所知道的，你并不能得到太多不一样的信息。如果和你发生互动的人都是新近结识的，他们有着和你非常不同的生活经验和社会网络，那么他们就能够给你带来很多你不知道的信息。信息资源对于家族企业的长期成功是非常重要的，因为它会直接带来创新的可能，尤其是在家族企业已经面临资金和人才约束的情况下。企业必须权衡这个问题：在未来是否还需要以较大的代价维持既有的巨大社会网络。如果不得不选择性地退出一些网络，应该选择哪些对象。

难以预测的未来环境

历史上，人类的商业环境从未像今天这样难以预测。人工智能和能够进行机器学习的计算机正在大量替代人从事复杂的劳动。交通运输随着电子化的进展，发展到一个前所未有的程度。新的信息和沟通技术打破了时空的约束，将人们重新组合在一起。家族企业的管理者和所有人一样，没有能预知未来的水晶球。未来的政府政策、人际关系及人们的生活方式将会重新塑造每一个企业的形态。家族企业的命运会发生怎样的转折，我们根本无从知晓。就像前文在对美国公司治理历史的简述中提及的那样，曾经在20世纪初风光无限的财阀们，在经历了社会观念的变动、经济危机的打击和政府政策的转向之后，迅速失去了优势地位。中国家族企业的开拓者们没法像《三国演义》

中的诸葛亮那样,为未来的继承者留下锦囊。从长期看,可以确定的是,这会成为对家族企业造成重大影响的因素。

应对去规模化的历史浪潮

那些塑造了未来难以预测的环境的技术变革,实际上已经在今天深刻地塑造了很多企业的去规模化。最近十年,美国股票市场上的大企业数量和规模都在萎缩(Davis,2015)。越来越多的企业通过向海外外包销售和生产部门,极大地缩小了公司的规模,变得"耐克化"。很多获得创业成功的开拓者不再选择自己运营企业,而是将企业转手给实力更强的投资者,自己功成身退。

之所以新技术浪潮会带来公司的去规模化,根本上在于现代信息技术和物流的发展,大大降低了市场交易的成本。人们发现,某些产品和服务如果经由传统的企业生产和销售需要支付额外的成本,而如果使用网络服务提供商的产品,价格则低廉得多。过去出租车需要一个专门的公司对其进行管理,而且每个城市都有本地化的出租车服务。在今天,滴滴和优步已经从根本上降低了顾客乘坐出租车的成本。这两家公司只需要几千人和一个手机应用,就可以为数亿人的日常出行提供维持服务。过去人们需要到商场里选购所需的产品,今天他们只需要在电子商务网站上浏览图片,动动手指点击一下即可下单。如果不满意还可以非常迅速地无理由退换商品。从事商业的组织就必然会面临当前的销售困境。

去规模化的浪潮带给中国家族企业的困难要远超其他企业。背后的主要原因有两个：其一，由于技术创新缓慢，很多家族企业的成功只是依靠不断扩大的规模来支撑。当面对外部挑战时，企业首先想到的也是通过并购其他公司或者扩大规模来降低成本，进而在战略上获得优势。但现实的情况是，新的竞争对手的实力与家族企业高度不对称，一方面，它们的商业模式不需要规模优势的加持，另一方面，它们在规模的竞争上也远优于家族企业。试想，天猫在与万达的商场展开竞争时并不会畏惧后者越来越大的规模。实际上后者的规模越大，消费者就越有可能在万达体验商品之后，到天猫上购买价格更具优势的产品。所以家族企业依靠的扩大规模的惯用策略会从根本上动摇。其二，如果家族企业也参与到去规模化的浪潮之中，它们会遭受更大的损失。不同于股权分散的公众公司，家族企业在前期发展中积累的知识和经验通常是被家族成员掌握和拥有的。家族企业的成员通常不会到其他的组织中工作。如果家族企业的规模变小，必然会耗损已有的知识资源，从而提高家族企业实际付出的成本。

一个组织要想长期获得成功，就必须满足多种不同游戏规则的要求，同时根据战略方向不断调整自己的网络结构。不同于其他企业，家族企业必然会更多考虑有关家族与家族伙伴的利益，从而扩大了不同规则相互对抗的空间，增加了调整网络结构的难度。今天的家族企业站在新技术层出不穷的历史节点上，在未来会面对更多不确定性。目前已经观察到的去组织化的浪潮也会对家族企业的现有发展模式提出全新的挑战，所以说家族企业确实是站在一个十字路口，需要对自己的未来负责，做出重要的改变。

作为成熟的管理者、观察者、分析者，我们能够充分正视中国家族企业在内部经营和适应环境与趋势时暴露出来的隐患，就像我们正视它们在过去几十年取得的辉煌成就一样。值得欣慰的是，作为这个世界上最为古老的组织形式之一，家族企业已经存在了几百年，这意味着我们拥有世界上最大的知识技能资源库。结合前人经验和笔者近年来的研究，我们为中国家族企业的转型开出了药方，希望它们能够成功实现转型（见图3）。

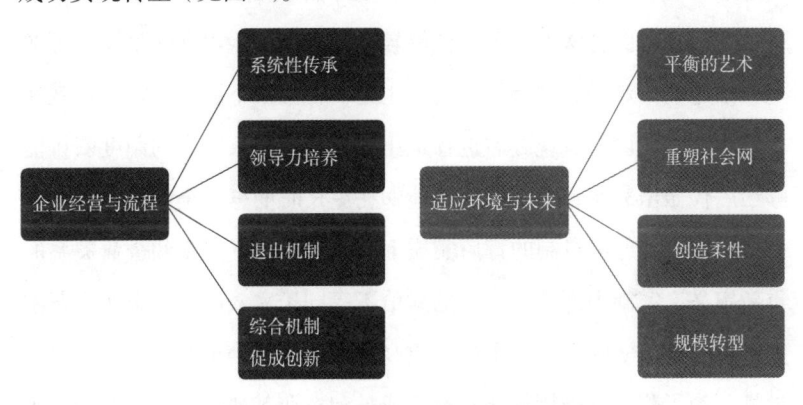

图3 中国家族企业的转型之策

内部运营的转型之策

家族成员退出机制

为了应对部分家族成员经常性地干预企业正常运营，并试图从企业中谋取私利的行为，家族企业的开拓者可以充分利用自身在家族中的地位，订立明确的家族规则。规则首要的是明确退出机制，即不担任企业重要职务或缺乏担任重要职务能力的无关家族成员应当退出正常的企业运营。同时根据他们前期为企业做出的贡献，在家族内部给予他们充足的资金补偿。规则还要补充限制性条款，禁止家族成员今后与家族企业发生直接的商业关系、雇用关系和顾问关系。当有必要存在这些关系时，须经家族委员会和家族企业的掌管者同时同意。企业的掌管者有一票否决权。退出机制最好由家族企业的第一代正式推行，他们拥有的合法性和魄力能够较好地避免可能出现的争端。理解这种措施的困难是人之常情，但这也是一种约束下的无奈之举。就像华盛顿在担任两任总统之后选择退出一样，创始人做出的制度安排能够给后代做出表率，留下的遗产能够在更长时期惠及企业。

家族成员退出机制的背后实质上是一种对家族关系和企业关系的重新定义，家族内部核心关系的融洽不等同于家族成员在企业运营中关系的有效。实际上，为了达成更高的效率，家族企业成员必须做出牺牲。为了防止这种牺牲造成家族成员和企业其他贡献者心态的不平衡，开诚布公地处理退出事宜并给予足够的补偿几乎成为必然。

综合机制促成创新

创新的问题不仅仅涉及家族企业的转型，还涉及几乎所有中国企业的转型，当前业界和学界对此问题的讨论比较多。家族企业虽然比较容易受到资金和人才的束缚，但也有其优势。力图打造创新企业的家族可着重思考以下三个重要的方面。

第一，编码组织知识，建立学习型组织。知识的编码是指建立一个正式系统来捕捉、记录和分析组织的过程，并从中发现过去积累的成功经验和可以优化的内容，以此材料为基础，建立学习型组织。中国家族企业不同于其他国家家族企业的一个重要特征是我们较少进行知识的编码。一方面编码过程的成本较高，另一方面企业缺乏编码所需的技能。家族企业应以代际传承为催生机制，在传承人的培训期利用其带来的人员调整和组织结构变化，施展正式文件系统，尤其是借助现代计算机网络导入比较成熟的管理信息系统。

第二，构建差异性的社会网络，从互动较少的主体那里获得创新来源。差异性的网络是指与家族企业当前拥有的社会关系网络差异性比较明显的网络。差异性网络的人员很少与家族企业过去互动，由于互动频率较低，双方的观念差异较大。道不同不相为谋，管理者可能会认为与这些互动较少的主体难以达成共识，所以不愿与之建立连接。实际上这种"道不同"恰好代表着获取差异性信息的机会，利用好这类资源能够帮助企业在原有的路径中走出一条新路。

第三，充分利用家族的节俭主义，以便小步快走地带动企业创新。节俭主义曾经在很长时期内，帮助中国家族企业越过资金壁垒，相似的手段还可以移植到今天的家族企业中。开拓者和继承人都应该杜绝过分的浪漫主义，不应该预期自己的企业可以在非常短的周期内做出大量的创新成果。罗马不是一天建成的，西方领先企业在创新上的优势是其长期积累的结果。家族企业可以继续施展自己在前期发展过程中体现出的超强学习能力，比较快地吸收发达国家在相同领域做出的创新，并在此基础上持续进行产品和研发迭代，逐渐赶上国际竞争者的步伐，同时利用自身的本地化优势，打造满足中国消费者的产品。

适应环境与未来的转型之策

平衡多种游戏规则

多种游戏规则对家族企业的冲击主要是由管理者提出的相互矛盾的战略选择标准造成的。对某个规则的遵守很有可能是对另一个规则的违背。进行权衡取舍的过程中，管理者应该遵守资本市场游戏规则，避免触犯法律，同时树立全新的家族和谐观。

家族企业的开拓者和继承人应该首先充分认识现代资本市场的游戏规则和法律要求，避免触及底线。最近几年连续发生多起民营企业主因违背市场交易规则和相关法律而受到处罚的案例，由此来看，家族企业的第一代人很可能将已经转型为上市公司的企业视为自己的"私产"，这种行为或是出于对自己一手创造的公司的深厚感情，或是出于无法理解其他股东拥有的法定权利。市场经济首先是法制经济，家族企业的前两代人都应向法律和金融专业人士寻求咨询与帮助，避免产生危险的后果。

树立全新的家族和谐观的要旨在于首先承认家族内部成员可能存在的矛盾。"清官难断家务事"，成员之间因为各种原因发生冲突通常是不可避免的。家族内部要营造一种开诚布公讨论的氛围，对于各自的观点要尽量理性和客观地描述，不做过激反应。这种氛围的建立需要家族企业的开拓者正确理解组织冲突。组织冲突可能是破坏性的，但如果引导得当又是建设性的。作为家族企业当前阶段的最高领导者，在出现矛盾冲突时不应简单粗暴地使用权力进行压制，而应为矛盾双方提供情感和观念的缓冲，促成双方的建设性沟通，从而通过解决问题而非压制问题来实现家族内部的和谐。

重塑社会网络

当企业家把社会网络看成"人脉"时，社会网络的建立、维持和调整就可以被视为一种投资行为，这也带来了网络调整的可能。随着交易的不断深入，有些商业和政治关系网络的价值已经出现了衰退，此时企业应对此网络做出适当调整，而且最好由创始人主导。由创始人将原有依赖人情、信任和义气的交易转化为依靠正式合同的交易，既能避免第二代在执政伊始四面碰壁，出现短期的困难，又可以更为准确地评估企业当前实际的运营状况和价值，在交班时做到心里有底。

在经过大规模的正式化转变之后，企业还会保留一些关键性的人际关系网络。在培养继承者的过程中，父辈要作为继承者的支持者，为其介绍这些关键网络，并为其背书。在第二代和重要关系伙伴的不断互动中，创业者的关系网络逐渐传递给第二代。

传承还可以被视为一个纳入差异性网络的契机。由于两代人成长经历和教育背景的差异，他们的关系网络可能非常不同。年青一代通常在国内或西方的精英大学接受过现代化教育，他们可能结识了技术精英和经营管理方面的人才。经过经验丰富的父辈观察和评估之后，这些差异性的社会关系网络可以随着接班人承担重任而被整合到组织中，从而完成社会网络的更新和再平衡。

塑造柔性组织

能够适应未来变化的组织是拥有学习能力的柔性组织。家族企业要成为柔性组织需要在如下三个方面做出根本性的改变。其一，培养出具有柔性，可以持续进行学习的组织。柔性组织能够不断适应动态的竞争环境，并及时做出自我调整。要真正建立柔性组织，企业需要减少在结构和管理风格上的控制，容忍更大程度的不确定性；要减少组织的层级，创建更多以项目为核心的工作团队；家族企业还需提供更多的培训和学习机会，帮助企业成员最快地了解市场和竞争对手的动向。其二，接受"浮现的"战略。如管理大师明茨伯格（1985）所言，战略既包括提前设定好的计划，也包括在实际运行中逐渐形成的模式。用一个例子来说明更为形象，一位农夫本来计划在自己的田地里种植番茄，但在他种植之前发现农地里长出了一种极富价值的牧草，这种牧草销售价格更高，产量更大，能够给自己带来更多的收益。农夫没有教条地坚持种番茄，而是接受了这种"浮现"的可能性，转型种植牧草。相似的逻辑放在企业身上时，就要求家族企业的管理者随时能够接触到"农田"，即实际发生的业务，同时以开放的心态观察企业正在出现的变化和可能的机会，不失时机地改变战略意图，获得新的发展可能。其三，重新定义财富积累的位置。家族企业虽然被倾注了大量心血，但企业本身只是财富积累的一条路径。家族可能无法在某一个特定的家族企业中最大化其财富，但只要作为整体的家族获得财富的扩展就是可行的。对于未来出现的挑战，从企业的开拓者开始就需要树立一个观念，即企业在无法适应环境时，可以也应当被终结。

规模转型

去规模化的浪潮对于家族企业的冲击更大，也需要它们更为坚决地做出适时调整。调整的首要目的是放弃过去以规模为基础的竞争观，实现规模转型。知识经济时代的降临和现代通信技术的发展为家族企业提供了多种可能。它们可以像自己的竞争对手和过去的合作伙伴一样，精简供应链，将大量的非核心业务转移给外包公司。比如服装提供商美特斯邦威就是中国家族企业里很早选择"耐克化"的公司。它们只在设计和营销方面雇用优秀人才，制造过程则实现了外部化，从而在很短的时间内创造了巨大的经济价值。从当前的趋势看，这类企业会越来越多，过去靠为他人代工起家的家族企业需要比较果断地向这一方向转型。家族企业由于高度依赖家族，从而与其所在地的社区形成了紧密的联系，规模转型有可能会伤害企业-社区关系。家族企业可以选择将当地的工厂向其他方向转型。比如刘强东就将京东的客户服务呼叫中心设在自己的家乡江苏宿迁，从而以新的形式满足地方社区对企业的要求。

家族企业尽管面对巨大的隐患和冲击，但也面对丰富的可供选择的案例和经验。在涉及家族管理者传承问题时，企业应当较早地设立系统性的计划来筛选和培育未来的领导者。企业在培养继承者的过程中要把握两个重要方向：一是保持管理者的进取心和领导力，二是利用这一机会进行社会网络的转型。家族的第一代应当充分理解自己的历史使命，建立有效的长期机制来保证企业未来的发展，这其中包括家族成员的退出计划、关系交易向合同交易的转型及系统性创新机制的搭建。家族企业的领航人还需要重塑自己的观念，灵活行走在多种不同的游戏规则中，并且塑造出能够适应未来竞争需求的柔性组织和新型竞争观念。

守业与再创业

家族企业的成功是创业成功的结果，在创业成功之后，它们面对的两难选择是要墨守成规，坚持守业还是自我革新，进行再创业。在今天的竞争态势下，完成环境适应能力和核心资源能力建设实质上是一个高度动态化的过程。每一次企业都能通过对环境的适应来提升生存率，但这种提升所经历的"半衰期"正在以前所未有的速度加快。面对这种社会历史条件，守业的困难似乎在不断提升，而再创业则变得势在必行。在对守业和再创业进行权衡时，家族企业需要思考三个根本性问题。

第一，所谓的永续经营到底是什么意思？

在商业课堂上，永续经营一直都是最有吸引力的话题之一。尽管人们的职业生涯是有限的，但是他们却想追求永远存在的企业，或许他们认为这是一种完成身份延续的好方式。那么接下来的问题是家族企业如何追求永续经营，可以依靠的要素有哪些，或者说，时至今日，还有没有可靠的要素。

最早在商业运作中被视为必不可少的要素是市场机会。若能成功利用市场机会，企业通常就能够获得较大的成功。但是今天的商业实践告诉我们，市场机会通常转瞬即逝。就像联想在个人电脑业务成为全球领导者之后的短暂几年，其风光无限的产品就迅速被手机和平板电脑等快速移动终端取代。这种情况似乎意味着永续经营需要随时抓住最新的市场机会，始终走在时代前列。但是有意思的是，今天超过百年的企业通常都保持了对某个业务的高度承诺。它们的确会进行重大战略转型，但战略转型的次数并不频繁，并且少数的几次也都是高度成功的。成功的转型会把企业带入盈利性很好的业务上，同时企业也有充足的能力和资源去开发这些高盈利性的业务。从这个角度看，作为要素的市场机会并非永续经营的支撑，而只是永续经营必备的环节。

在中国另一个很重要的商业要素是社会网络或者说社会资本。企业存在的形式并不是单个的孤岛，而是孤岛连接起来形成的岛群。永续经营通常不是单个企业的永续经营，而是组织生态群落的永续经营。从这个角度看，或许企业需要关注整个供应链的生存状况。当然，在遭遇根本性的颠覆时，对整个社群的承诺并不都是好现象，但在此之前，永续经营似乎与一个稳定的互动的社会网络密不可分。

企业永续发展的另一个要素是人力资源。当知识和技能变得越来越重要时，人力资源能否持续更新显得尤为重要。这里存在两难的管理陷阱：一方面，许多家族企业或多或少地忽视吸纳非家族成员进入企业管理层的必要性和策略性，管理资源未能持续获得更新；另一方面，太过热衷于吸收非家族成员的企业又很容易失去家族的身份和文化，企业虽然走向了永续，但这种永续并非家族期待的永续。

第二，能否准确理解环境变化的特征？

如果家族企业追求永续经营，它们必须做的一件事是准确理解环境变化的特征。虽然我们尚未进行准确的实证测量（或许这种状况来自任务本身的困难），但基于对日常经验的判断，人们基本可以确定经济、社会、政治和技术环境上的变化速度正在加快。由于现代组织和现代人的生存时间都在持续扩展，对于单个个体，他们会在一生中经历过去无法想象的变化。在这些环境变化中，最为重要的，或者说驱动其他经济、社会、政治变化的根本趋势是技术的变化。尽管对以信息和计算机技术为核心的第三次工业革命会如何改变组织已经变成某种程度上的老生常谈，但我们仍认为有必要提醒读者去掌握这一趋势的基本思路。

组织知识的竞争正在成为组织之间竞争的最基本单位和决定性要素。物资资源的竞争仍然非常重要，但经过四十年改革开放的发展，其稀缺性已经在很大程度上得到缓解。而很多家族企业长期被诟病的问题是不重视或者无能力保留人才，这个问题必须得到解决。未来组织的成功很大程度上取决于资金能否成功追逐到人才，而非人才反过来成功追逐到资金。在今天被视为新经济标杆的谷歌和亚马逊等公司，高层次人才获得充分的"宠爱"。中国的家族企业能否创造出可以与之匹敌的激励体系，或者能否在管理中创造出新的最优实践，会在很大程度上决定家族企业未来的命运。与此同时，新技术正在从根本上改变组织内部的协调与控制。日益大众化的移动终端和追踪技术能够帮助企业全方位地监控雇员行动，记录生产活动，控制内部流程。当下著名的信息技术公司Zebra提供的产品能够将追踪精度控制到一米之内，而这样的设备正在变得越来越便宜。企业对于操作人员的需求正在急剧衰退，取而代之的是日夜不休的机械设备和自动化机器人。或许我们又将进入一百年前泰勒所说的科学管理时代。

第三，家族能否在全新的视角下理解自身的知识特征？

不论是守业还是再创业，企业始终需要足够的学习能力和战略柔性来保证随时可以掉转车头，走向正确的方向。学习能力根源于组织结构。由于产业在竞争中极容易出现新的颠覆式创新，组织需要设计更为灵活的组织结构，从而快速适应环境。僵化的科层制组织，因其无法持续为组织获得充足的资源，会面临被快速淘汰的命运。

学习能力同样是一个重要的战略问题。由于创造新知识的一个重要条件是已经拥有这一领域的相关知识（Cohen and Levinthal, 1992），因此在前一个时期企业形成的知识优势能够比较容易地被保持到下一个时期。较为落后的企业需要认真思考如何提高组织学习的效率，寻找正确的方式来最大限度地利用其他组织创造出的知识。对领先企业而言，知识管理同样构成巨大的挑战，因为知识的创造、编码和保存需要付出巨大代价，如何确保资源没有浪费到即将过时的技术上，保持一种"最优知识存储量"，同样是一个棘手的问题。在商学院的课程和商业媒体中，我们不难找到对类似诺基亚这个商业巨头衰落的反思，但这种反思没有避免组织持续不断犯同样的错误。

传承与转型

传承的困惑

当前时期，家族企业的传承问题是家族最为关心的问题。如果企业和企业背后的财富无法传承下去，我们就会有一个本体论的问题：家族企业不再成为家族企业。中国家族企业不同于世界上绝大多数地区的同伴，因为真正可以被称为现代企业的中国家族企业正在经历历史上第一次传承，缺乏外国同伴那种比较成熟的传承路径，一切实践都像是摸着石头过河。虽然它们可以从各种渠道学习到各种看似有用的建议，但这些建议又未必真的适合中国家族企业的传承。

在作者看来，这个问题令人困惑的原因主要有两个：其一，家族企业作为一个整合性的组织，背后包含的资源经常是复杂的、难以言表的、无法准确计量的。第一代开拓者实际上是在风浪中驾驶一艘不断改进的船，从而培养出了较难传递的经验。新一代可以很容易地学会现代的金融工具、战略分析手段、人力资源流程，但是如何处理当前庞大的政商网络和交易关系，如何准确抓住政策带来的机会，如何与当前的管理团队保持良好的合作关系等,这些都是没办法简单地传递给第二代的。其二,家族企业第二代成长的环境与第一代有天壤之别,从而塑造了两代人截然不同的观念世界。或许第二代并不愿意接班,或者至少不愿意选择像父辈一样的经营模式。他们当中的很多人在国内国外的精英大学接受了国际化的教育,这些教育有可能将他们的企业带入一个更能满足未来需求的新世界,但也很有可能割裂整个组织过去的经验,将企业带入万劫不复之地。考虑到他们优渥的早年人生,后一种情况出现的可能性比较大。

系统性传承计划

对于传承问题的解决,世界范围内的家族企业可以提供充足的范本。成功的传承主要有三个特点:计划早、勤训练、存备选。这三条经验构成了一个系统性的接班计划,能够保证权力顺利移交。

"凡事预则立,不预则废",成功的传承往往开始于创始人的盛年,因此,他们可以在较长的时期内根据下一代的基本情况做出战略性计划:或者给予适合接班的家族成员一个充分的培养训练计划,或者提早准备应对家族成员无法接班的情况,做出多种备选方案。前者的典型是香港的李锦记集团和浙江的方太集团,李家通过"家族委员会"和"家族宪法"在内的一整套制度安排,确定了成为企业继承者需要经过的多重考验。未来的继承人首先需要在学业上获得初步认可,然后要在其他企业任职,并且实现财务自立,最后要被认证为具有专业化经理人能力,此时,他才有可能成为家族继承人。方太集团茅理翔采取"带三年、帮三年、看三年"的做法，顺利培养了儿子，实现了家族企业的成功传承。后者的典型是万达集团。由于王健林的独子王思聪比较热衷于创建自己喜欢的企业，所以王健林很早就认识到万达必须引入外部的职业经理人，他也曾多次公开表示支持王思聪的人生选择。万达巨大的规模为继承人的选择提供了很多潜在契机，而且从内部选择继承人也能保证企业未来发展的基本稳定。

作为亚洲首富的李嘉诚先生的做法是前述三条经验的汇总。李家的两位子辈都在美国斯坦福大学接受了颇为现代的教育。李嘉诚为他们提供了足够长时间的训练期。长子李泽钜在长江实业工作多年，积累了多次成功商战的经验，从而顺理成章地成为长江实业的副主席。次子李泽楷则在和记黄埔展开自己的见习期，随后在自己管理的电讯盈科中扩展疆域，多次证明其具有成功管理企业的能力。两子在不同领域均获得成功，这也使得李嘉诚在2012年成功分家，满足了两人继续发展的诉求。

进取心的保持

伴随家族企业传承困扰的另外一个问题是如何继续保持高度的进取心。就像韦伯在一百多年前指出的那样，马丁·路德的宗教改革内化了一种努力工作、克制欲望的价值观，从而塑造了资本主义的早期发展。中国的第一代企业家群体中持有类似价值观的人也不在少数。他们从小就适应了非常困苦的环境，后来又经历在商场上无休止的拼搏，但在个人生活上却保持着非常节俭的作风。上行下效，他们管理的企业也会体现出类似奋勇向前同时保持节俭的工作方式。但这种高度进取的方式在今天会面临至少三个方面的直接挑战。首先是组织规模扩大之后，过去大包大揽的创业者没办法做到事必躬亲，所以选择叠床架屋，建立一个看似无懈可击的层级制组织。这种结构在保持效率的同时，经常会抹杀来自组织基层的创造力和新想法，很难有真正突破性的创新。其次，现代的金融化思潮已经深入人们的观念之中。大量的企业家和他们的继承者或出于投机获益的心理，或出于发展环境不景气带来的现实压力，走上了一条投机金融资产的道路，以期以钱生钱。但是金融市场变幻莫测，如果希望追求基业长青，这种投机行为就是非常危险的，这也违背了我们在前文总结的一个F，即Focus（聚焦）。曾经的山西首富李兆会在其父突然死亡的情况下入主，身家超过40亿元。他也曾在投机股票的过程中获利10亿元，但随后他的大量投机都告失败，最终拖垮了整个企业。最后，家族企业的第二代很难像他们的父辈一样充满进取心。比如我们经常在娱乐版看到某些所谓"小开"热衷于豪车和美色，没有为自己未来接班做出任何准备的意识。即使真的最终上位，其主要精力也不愿意花在父辈耕耘的领地，所以经过一代人之后，很多家族企业因故步自封，逐渐走向衰亡。如何保持高度的创业导向和进取精神就成为企业必须解决的问题。

领导力培养

进取心的保持实际上是一个领导力的问题。针对可能导致领导力丧失的三个方向，家族企业应该在组织结构和决策机制上做出相应的制度安排，来保证家族的领导力。首先，家族企业可以充分利用家族人员的优势，避免公司过度层级化。正如卡尼（2005）教授所说，由于家族成员普遍担任管理层，家族企业可以充分利用特殊主义的优势来冲破层级的束缚。家族成员应当定期到公司的一线担任基层职务，从而随时掌控企业前端的情况。其次，家族企业的金融投资应该设立专门的信托基金，由家族的部分成员和履历优异的外部专业投资人一起参与到基金的日常运营中。对于基金的资金投入也应做出适当的限制，避免家族企业的掌门人在金融市场上过度恋战。由于家族企业的最终目标是最大化家族财富，我们不能排除家族企业转行到金融领域的可能性。但这个转变需要设定一个最短的适应期，即家族信托基金在一定的运营周期内能够获得较为稳定的收益之后，逐渐从原行业退出。最后，为了预防家族传承引致的进取心衰退现象，企业需要使用前文所述的系统性传承安排。如果家族无法提供业已证明自身能力的继承者，选择使用家族信托基金则是一个折中的办法。

第八章

家族企业的出路：战略变革与创新

是非成败转头空。青山依旧在，几度夕阳红。
_ 杨慎（明朝文学家）

（家族企业传承）如同让 2000 年的奥运游泳冠军，去赢取 2020 年的奥运金牌。
_ 沃伦·巴菲特（全球著名投资人）

中国家族企业应对今日困境的最好方式，是积极主动地进行战略变革与创新。本章将从三个小节的三个角度具体阐述打开战略变革空间的问题。第一节将提供一个家族企业的生命周期模型，将家族企业的创新问题与其具体的战略发展周期联系在一起。由于企业的发展阶段不同，成熟程度各异，创新需要采用的策略和关注的问题也不尽相同。引入这个分析性框架的意义在于帮助读者更为情境化地理解具体的企业创新。第二节将讨论家族企业如何克服困难，主动开启战略变革。由于整体商业环境已经进入一个颠覆性的时代，家族企业需要通过主动改变来塑造所处的竞争性商业环境。这一过程也与作者开发的生命周期模型的第三个阶段——战略结构化期相对应。第三节将与读者讨论家族企业如何利用传承的机会进行创新。企业传承是家族企业发展过程中最为重要的间断点之一，如果能够成功利用这个机会窗口，企业将进入进一步发展的快车道。这一过程也与生命周期模型的第四个阶段——战略调整期相对应。

生命周期：战略创新的阶段特征

　　如同每个人都会经历从孩提到成熟再到衰老的基本生命历程，每一个家族企业也都会经历几个特征鲜明的发展阶段，并在每一个阶段被相似的机会吸引、被相似的难题困扰。总结和归纳家族企业生命历程中周期性、重复性、规律性的事实，有助于我们更系统地分析和理解中国家族企业。

　　作者开发的中国家族企业生命周期模型是一个通用模型。换言之，它囊括了中国家族企业的一些重要的共性并且选择性地忽略一些不太重要的细节。借此作者想要提供一个类似工程学上常使用的"原型机"，隐去千变万化的家族企业形式，昭彰内在的基本规律和模式。在考量了世界家族企业发展史，综合国际主流的关于家族企业的研究成果之后，作者根据中国家族企业的实际情况、情境特色和文化传统，将生命周期模型概括为四个基本阶段：创业诞生期、创业发展期、战略结构化时期和战略调整期（企业传承期）。如表1所示，区分这四个阶段的标准既包括一般意义上的时间，也包括不同时期的主题，还包括公司战略特征、管理者的领导力特征和战略环境特征这三个贯穿四个周期的主线和基本要素。

表1　家族企业生命周期模型基本要素

生命周期	主题	战略特征	领导力特征	环境特征
创业诞生期	试验性追求生存	机会导向性、灵活性	进取心愿景型	竞争激烈多模仿者
创业发展期	资源压力下的继续发展	克服资源束缚	个人依赖家族参与非正式治理	二元制度环境的塑造
战略结构化时期	战略结构化创新	平衡控制和创新	利益分配家族治理转折	管理资源缺口社会网络约束
战略调整期	战略调整传承	战略转折创新机遇社会情感财富	权变传承	重构社会网络

生命周期模型基本要素

构成生命周期模型的第一个基本要素是家族企业的战略特征。战略决定了企业在一个较长时期内的发展方向和资源配置。家族企业通常是白手起家的民营经济，做出正确的战略决策对它们往往非常重要。有偏差的战略决策可能将企业带入歧途，从而导致创业失败。作者想要指出的是，组织的战略始终是存在的，这种存在不以创业者或管理者的计划、感知、认识的改变而改变。即使是在创业期，创业者心中可能还没有对企业长期发展战略的规划，但也不等于这个企业没有战略。中小企业在行为上展现出的一致的模式也是一种战略（Mintzberg & Waters, 1985）。战略在不同时期的基本特征构成了我们讨论的第一个基础。

管理者的领导力特征构成了我们讨论的第二个基本要素的基础。不同于公众公司，家族企业所有者也是家族企业的管理者。家族对企业施加的影响远超非家族企业管理者对其企业施加的影响。由于家族的影响力很大，我们有必要了解不同时期的家族会以怎样的形式参与到管理实践中去，并将自己的认识、习惯、经验带入管理过程中（Hambrick，Werder & Zajac，2008）。

生命周期模型的第三个要素是企业所处的环境。作为资源提供者和产品消费者，环境能够结构性、系统性地产生约束所有家族企业的力量。我们讨论的环境既包括公司的技术环境又包括其制度环境。技术环境主要解决企业如何获得物质和财务资源，整合劳动力和生产设备，制造产品，以期满足顾客需求的问题。制度环境主要解决企业在怎样的法律系统和社会文化环境中生存，并做出让社会和重要利益相关者认为合适的行为。对我国的家族企业而言，制度环境的作用尤其明显。我们作为从计划经济改革到市场经济的转型经济，企业面对的制度环境是辩证二元的。一方面，转型环境所能提供的资源不足，市场交易不顺畅，游戏规则不清晰，政府资源向国有经济倾斜，这些都约束了家族企业的正常发展；另一方面，转型环境也提供了开阔的市场和简单的进入机会，提供了灵活通透的上升发展空间，还提供了极为勤劳的劳动力群体，这又为第一代家族企业家提供了极为优厚的历史条件。由于这种二元性的存在，我们需要在每一个特定时期都充分考虑企业具体经营的情境，从而更好地理解中国家族企业。

家族企业阶段性演进

多数中国家族企业都是从创业诞生期开始的发展历程。在这一阶段，创业热情充足的第一代家族企业家迅速发现或创造了经济体系中可以被开发的商业机会，创造新的企业并尽最大的努力保持其生存。相较于成熟企业，此时的家族企业能力较弱，还无法保证长期的稳定和发展，所以整体上具有较强的试验性。如果在初步的创业过程中获得生存，在接下来的创业发展期，企业有机会获得更快的增长。这种快速的增长又会对资源提出很高的要求。在中国的情境里，这种资源约束性特别体现在资金的缺口上。能否在保持家族对企业控制的前提下获得充足的财务资源成为企业能否成功度过创业发展期的关键（前6年）。成功克服资源约束的企业会进入第三个阶段，即战略结构化时期。此时企业已经积攒了不少经营管理的经验和进一步发展的物质资源，企业呈现出初步的经营成果。为了更好地控制已有的资源，企业通常会引入较多新的管理举措来使得企业变得结构化和正式化。这种变化体现在层级化、职能化和战略参谋部门的发展。结构化和正式化有助于提升企业的效率，但也会阻碍企业进一步创新。同时，创业阶段开发的机会正在逐渐走向成熟，为了获得持续的发展，企业进行创新的需求在不断提升。此时的家族企业倾向于用获得的收入进行业务的拓展，包括一体化、多元化和国际化等基本举措。家族企业在这一时期面对的资源约束主要是管理资源的约束，能否吸引到更好的人才，并使之持续为企业所用成为一个比较重要的问题。管理资源也和创新的问题紧密联系在一起。通常在战略结构化时期，家族企业还是由年富力强的第一代创业者执掌。但是随着时间的推移，改革开放后出现的这批开拓者逐渐进入退休年龄，家族企业第二代开始登上舞台，企业进入传承期和战略调整期。第二代接受的教育、接触的环境、结识的社会关系与第一代有很大的差异。理论上这种差异性会带来战略的调整，作者的前期研究数据也支持这一观点。除了内在的不同为战略调整带来的推力，第二代进行重新布局也是时代潮流和企业发展规律的拉力牵引的结果。虽然调整不一定成功，但是父辈在社会转型期发展出的企业的确正在表现出对当今竞争环境适应性不足的弱点。

战略和资源的阶段性特征

战略和资源是战略管理中最为核心的要素，为了更好地说明生命周期中的这个问题，作者汇总了家族企业最为重要的四个战略要素——产品、结构、财务资源、管理资源的周期性特征。这四个要素涵盖了企业从投入到产出的全过程。从产品上看，家族企业在创业时期相对比较单一。对创业者而言，他个人尝试过的创业项目可能很丰富，但对单一的家族企业而言，在生命周期早期资源匮乏的情况下很难提供多种不同的产品。进入战略结构化时期，家族企业开始重新布局产品线，丰富性提升到中等水平。在经历了传承和战略调整之后，中国家族企业的产品线会呈现出比较丰富的特征。与产品战略紧密联系的是战略的正式性和组织的结构化程度（Chandler，1990）。随着创业期产品潜力的逐渐挖掘，战略的正式性不断提升。最终发展到战略调整期时，企业将比较全面规范化地思考战略布局的问题，此时的战略正式性提升到最高（见图4）。

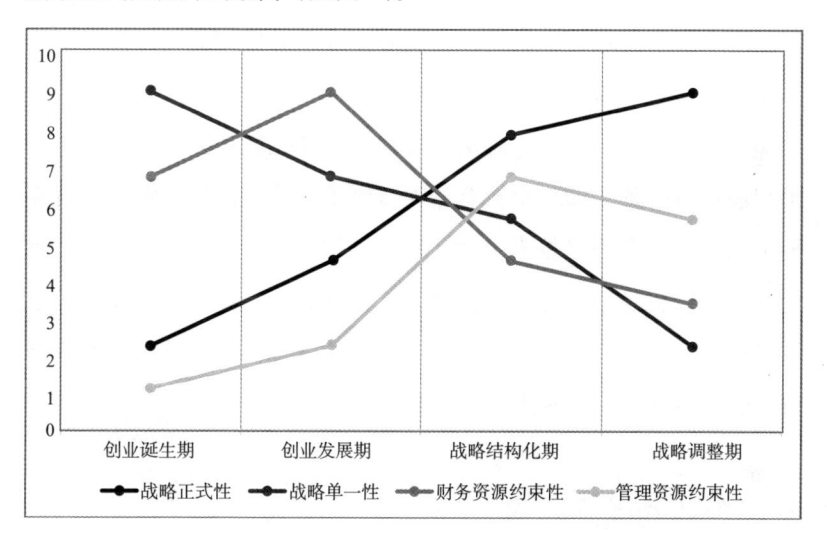

图4　家族企业生命周期的战略和资源阶段性特征

注：0~3代表低水平，3~6代表中等水平，6~9代表高水平。

产品是企业的输出，结构化和正式化是企业制造和输出产品的方式，而从外部获得的资源是企业的输入。家族企业需要克服的资源压力也体现出明显的阶段化特征。对财务资源而言，创业阶段的约束要明显超过后两个阶段。其中创业发展阶段是财务资源束缚最为明显的时期。能够成功度过创业发展期的企业无一例外都是利用独特策略和条件成功获取财务资源的企业。与财务资源不同,对管理资源而言,创业阶段的约束要明显弱于后两个阶段。因为创业阶段的企业规模比较小,创业团队又年富力强,家族企业常见的管理资源不足的问题在这一阶段并不特别严重。企业进入战略结构化时期之后,对于管理资源的需求会随着企业建立体制而迅速提升。如果企业要建立完善的内部控制体系就需要引入大量职业审计师和会计师。如果企业要保证战略决策过程的合理化就需要引入战略分析师和职业咨询师。如果企业希望通过电子化手段监控企业进程就需要引入计算机和网络技术人才。经过结构化时期的调整,第二代管理者执掌的就是一个比较成熟且正式化的企业。第二代人还能通过自己崭新的管理者身份,为企业带入新的管理资源,这一时期管理资源的约束就能有所降低。

家族企业的代际差异

生命周期的前三个阶段是由家族企业的缔造者和其合伙人维持运营,第四个阶段则通常是由家族企业的第二代继承者运营的。由于两代人之间的行事风格、管理思路、企业特征都有显著的不同,而这种不同还和生命周期模型有很大的关联性,我们在此做出一个初步的对比和汇总,方便读者更好地理解生命周期模型及代际差异(见图 5)。

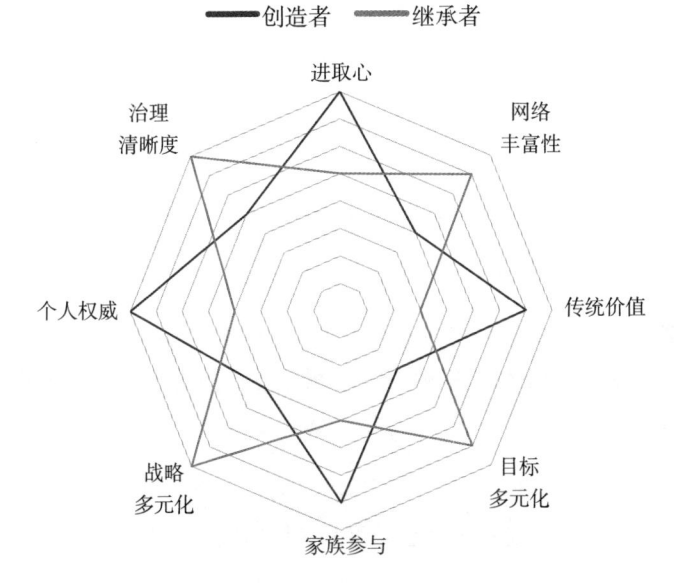

图 5　家族企业创造者和继承者的差异

两代人的差异首先体现在他们个人的特点上。家族企业第一代普遍出身贫寒，视事业为第一要务，拥有很强的进取心。他们中的大部分人把几乎全部的时间都放在公司的运营上。比如黄光裕就曾经表示自己很少娱乐，只是偶尔才通过看电视消遣。第一代人很少有海外学习和生活经历，他们更多地相信并依赖传统价值。在第二代看来，第一代所坚持的很多价值观是比较落后的，给生活和发展带去了许多不必要的负担。成长在信息时代，大多数接受过高等教育的第二代接受了大量来自西方的思想观念。继承者们的目标比第一代要更加多元化。相对第一代对资本运作的不信任和警惕，他们更愿意到金融业去挣一把"快钱",当然这种做法并不总能成功。(比如曾经的山西首富、海鑫集团的李兆会就在金融市场多次投机,并最终将企业带向破产。)第二代人还尤其热衷于结识明星乃至成为明星,王思聪、宗馥莉等人就是其中代表。他们对于娱乐业和艺术品的投资也经常为人诟病,这更加剧了第一代乃至社会公众对他们的怀疑。但这种追求多元化目标的行为未必是坏事。一是家族企业继承者目标的多元化往往能够带来潜在的创新机会,新的思路能够帮助企业探索新的出路。二是社会阶层的攀升不仅包括财富的积累,还包括文化消费层次的提升(Bourdieu, 1984)。当第二代人把一部分精力放在欣赏艺术品和讨论社会的根本性问题时,企业背后的家族有可能进一步提升自己的社会地位和阶层。从更宽广的社会角度看,财富的拥有者更灵活地使用财富有利于增加我们社会的丰富性和多元性,培养更加现代的社会风气。在追求多元目标的过程中,家族企业第二代因为其互动对象的丰富性,建立的社会网络比第一代更加包容,也非常有利于企业获得创新的思路和资源。简而言之,在人格上,第一代人更为拼搏进取,但受制于成长环境和社会关系,对现代商业的适应性正在下降。第二代人含着金汤匙出生,其积极性相对较弱,但是在前代人的荫庇下,他们得以形成符合现代价值的社会网络和目标体系,从而有可能取得前代人没能做到的突破。

两代人在管理风格上也有比较大的差异性。时势造英雄,打天下的第一代因为其成就而在组织中获得了至高无上的权威地位。或欣赏其魅力,或慑于其权威,组织成员普遍拥护第一代企业家。相形之下，第二代年纪较轻，与组织成员互动时间也比较短，在培养自己权威的问题上处于先天的弱势地位。整体上说，创造者创业时期，其他家族成员对企业管理的参与也比较多。第二代接班之后，其他家族成员参与企业管理的意愿和能力都在下降。家族企业的继承者多数也不愿意让家族更多的成员参与进来。这两点因素的共同作用会让家族企业在战略调整期呈现比较弱的家族性。在更多的管理行为依靠制度之后，公司治理的安排也会越来越清晰明确。不少股权上由家族控制、管理上由家族管理的企业也已经成功上市，其公司治理更为正式和清晰，继承者要做出决定也通常需要经过一系列程序。不过这些限制并没有阻挡继承者在很多事项上做出的改变。不同于传统中国文化价值强调的"萧规曹随"，今天家族企业的继承者在面对不断变化的商业环境时展现出了更多的灵活性和战略多元性。

总体上讲，家族企业的两代人各有其优势。在创业诞生期和创业发展期，第二代人并没有机会深入参与。进入战略结构化期和调整期之后，继承者逐渐走向权力中心。与父辈的差异带给他们更多变革的可能。如果企业生命周期的前三个阶段是父辈唱主角，在战略调整期，继承者们逐渐走到舞台的中央，以更直接的方式决定着家族企业的未来。

中国家族企业的周期特征

家族企业的生命周期模型假设同类组织的发展会沿袭一种一致且

稳定的时间阶段模式。随着时间阶段的变化，组织呈现出不同的阶段性特征。本部分我们将讨论生命周期的基本时期。每个基本时期我们都将首先概括这一时期的基本主题，随后分别讨论其战略、领导力和环境特征。

创业诞生期

顾名思义，创业诞生期是指一个全新的企业刚刚诞生的时期。在这一时期，创业者或是发现了可以利用的创业机会，或是通过自己的努力创造出可以开发的创业机会，试验性地借助企业组织的形式来利用这一机会，进行财富的创造。试验性是这一时期最突出的特征，创业者很难判断自己企业的命运如何。马云也曾经在二十年前背着小包，四处推销产品还屡屡吃闭门羹，当时马云的创业历程就处于创业诞生期。如同刚出生的婴儿夭折的概率很高，这一时期的创业企业面临的风险非常大。这种状态直接塑造了创业企业的方方面面。通常度过最危险的前两年，这一时期就会结束。在这两年中，如何维持生存构成了创业者工作的主题。这一主题直接反映在战略上的机会导向性和灵活性，充满进取心和愿景描绘的领导力及激烈的竞争环境这三个主线上。

创业诞生期首要的战略特征是机会导向性。创业机会类型的不同会直接塑造家族企业行为的不同。以机会的来源为分析基础，在今天的中国家族企业中，主要有三种创业类别：基于新想法的创业、基于社会关系的创业和基于资源禀赋的创业。

基于新想法的创业是指创业者因为发现市场上的某种重要需求尚未被满足而激发出的创业行为。比如，曹德旺在早年推广水表玻璃时发现汽车挡风玻璃完全依靠进口，价格高昂，他立刻将承包的异形玻璃厂转型注册为汽车玻璃厂。曹德旺的新想法是向市场提供一种全新的产品。新想法还可以是一种新的商业模式，比如，雷士照明就在其创业伊始选择开发以销售渠道为核心的创业机会，打造一个营销定位上高于主要竞争对手的产品。由于直接面向市场，而创业者经常会对市场和自身满足市场的能力产生误判，基于新想法的创业失败的案例较多。与此同时，由于新想法很容易被人们模仿，所以创业企业的优势很难持续。很多昙花一现的中小企业都迅速走向失败，其中不乏类似爱多公司这样曾经红遍大江南北的企业。

基于社会关系的创业是指创业者因为其个人所处的社会网络获得了创业机会进而进行的创业行为，这种情况在家族企业中尤为常见。中国传统的家族文化会引导人们与自己有血缘、亲缘、地缘的亲戚朋友合作创业。比如湖南新化地区在全国范围内对于复印产业的控制就是一个同乡利用社会网络扩散创业机会从而激发创业的行为。这种做法也并不局限在中国，意大利的"第三意大利"劳动密集型工业集群，硅谷的计算机和互联网创业区也具有类似的社会关系特征。基于社会关系的创业由于容易产生集群效应，所以创业失败的风险较低。但这种集群性又约束了企业发展独特战略的可能性，从而约束了这些企业进一步发展的规模。

基于资源禀赋的创业是指创业者基于其前期拥有的特殊资源（如

技术积累、政策支持、政府订单等）所带来的潜在商业利益和竞争优势而进行的创业。比如柳传志在1984年带领中科院计算所的科技人员创立的联想公司，其主要的资金来源、研发成果和政策支持都受惠于中科院这一特殊的组织。如前所述，转型经济体的过渡性特征在阻碍企业发展的同时，又为企业提供了额外的资源和优势。早期"野蛮生长"的大量家族企业有不少是利用了制度环境赋予的资源禀赋，迅速占领了市场，实现了规模扩张。与基于社会关系的创业相似，优厚的资源在成就企业发展的同时也限制了企业扩展的可能。能否利用资源带来的第一桶金作为杠杆获得进一步的发展，直接决定了很多家族企业后来的命运。

创业诞生期在战略上的另一个重要特征是其灵活性（战略柔性）。船小好掉头，刚刚诞生的创业企业规模小，家族参与程度高，对于特定业务的资源承诺低，所以企业经常可以"打一枪换一个地方"。在屡次的业务变换中，随时利用新出现的市场机会，不断积累财富。1990年在谢飞导演的《本命年》里，姜文扮演的男主角囤货倒卖，在市场刚刚露出一点光亮时，就完成了原始资本的积累。在很多情况下，我们与其说这一时期的企业具有战略灵活性，倒不如说它们压根儿就没有真正的战略。既然是"摸着石头过河"，没人知道前面是否还能有石头，或者到底应该摸哪一块石头。

试验性是创业诞生期企业层面上最突出的特征，所以创业者很难判断自己未来的命运。刘永好兄弟四人在阳台上养鹌鹑时也难以想象未来会成为中国首富。郭德纲开办德云社时，还会屡屡遇上演员比观众多的窘境，哪怕当时只有三个演员。这种艰难的环境极易筛选出具有高度进取心和创业精神的人。用一句描述江湖儿女的话来说，这时的第一代家族企业创业者的生活方式叫作"平地抠饼，对面拿贼"，从无生机处讨来生存和发展。不管过去是农民工、无业者，还是厂长、知识分子，家族企业第一代都必须在无依无靠的情况下完成自己身份的转换，为自己创立的小小的企业博上一切。今天身陷囹圄的吴长江在回忆自己最初创立雷士照明时，还会谈及在车上喝凉水、啃干粮、夜不归宿的业务拓展时期。家族成员和非家族的早期合伙人在这一时期一起为看似虚无缥缈的未来搏杀，因为还没有太多利益的争执，这种共患难的时期相对单纯而简单。领导力在当时并无太大的发挥空间，因为企业内的地位差异较小。在一个只有几个人的小公司里，管理者和非管理者的界限是相对模糊的。

家族企业创业者的热情是能够感染人的，类似"今天很残酷，明天更残酷，后天很美好"（马云语）式的未来图景描绘构成了管理者工作的一个重要方面。业界经常把创始人的愿景描述称为"画大饼"，这一称谓并非贬义：虽然画的"大饼"经常会泡汤，但却能够帮助企业熬过极为困难的时期。对家族企业而言，家族成员的许诺来得也更为实在可靠。相似的故事在今天的创业浪潮中仍然在不断涌现，为了看似遥遥无期的光明未来，这个时期的创业者牺牲自己的时间和财富，尽可能地保持企业的生存。

企业获得竞争优势的一个方式是率先进入一个行业，成为最早的产品和服务提供者，这种优势就是"先入者优势"。所谓先到者先得，先入者很有可能获得行业内重要资源的控制权。但如果这种优势不能被充分利用，先入者的优势很有可能变成劣势。比如方太公司的第一代茅理翔在进入高端厨电行业之前，是当地著名的"点火枪大王"。但是点火枪技术简单，茅理翔创业时高度依赖的供应商很快就掌握了点火枪技术，并迅速推出了相似的产品。针对这一竞争对手，方太进行了技术创新和产品升级，最终通过差异化占领高端厨电行业。

在中国家族企业的发展环境里，制约企业获得先入者优势的因素主要有以下三个：其一，在低技术门槛的产业中，一炮而红的企业迅速成为他人竞相模仿的对象，大量的新企业拥入同一个市场中。其二，在发育不成熟的市场环境中，企业的供应商数量有限，家族企业经常被上游企业模仿和控制，这一问题经常困扰企业家，因此，他们非常热衷于建立一个全产业链的企业。其三，我国家族企业参与了第四次国际产业转移浪潮，但主要是为发达国家的大型跨国公司提供代工服务，在市场竞争中通常扮演"中国企业的排头兵，西方企业的追随者"的角色，因而它们并非真正意义上的先入者。这三种力量综合作用，直接给诞生期的企业带来了极为激烈的竞争，创业机会快速流失。不得不说，今天依然活跃着的家族企业都是从诞生期刺刀见红的竞争中生存下来的幸运儿。

创业发展期

处于创业发展期的企业通常对第一个重要创业机会进行了深入的挖掘。经过创业诞生期的淘汰过程，能够继续生存发展的企业往往积累了一定的资源和经验，能够较好地满足市场需求。如果把创业诞生期比作企业的婴儿期，创业发展期就是企业的少年儿童时期。更具体地说，作者认为家族企业的创业发展期主要是企业发展的第3年到第6年。目前国际学术界和投资界都将6年视为一个企业创业阶段的结束，其合理性在于，经过6年的发展，企业耕耘的事业会有一个比较明确的结果。成功企业会初具规模，而失败企业通常会走向衰亡，被收购或是破产。在这个阶段，企业和产业中的其他企业、产业的资源提供商和下游销售渠道往往会组成一个稳定的竞争格局（Dobbin, 1994）。以娃哈哈集团为例，在创业发展期的4年中，宗庆后家族借儿童营养液之力，收购了杭州罐头食品厂，快速扩张了规模，随后又投身西部开发，在重庆建立新的分公司。这为后来娃哈哈的大规模战略扩张奠定了基础。在这一生命周期中，家族企业在战略上会明显感受到资源的束缚，因此，如何在资源不足的情况下绕过壁垒持续发展，成为家族企业在这一时期的主题。此时家族企业管理者的领导力会体现出高度个人依赖性、高家族参与和非正式公司治理系统三个特点，这些特点会在接下来的时期带来新的问题。转型社会的制度二元性会在这一时期有比较明显的反映，从而深刻地改变企业发展的路径（Marquis & Tilcsik, 2013）。

严重的资源约束是创业发展期的一个基本特点，也是企业生命历程的正常反馈。虽然家族企业躲过了初创期遭受灭顶之灾的风险，产品和服务也在市场上获得了一定的认可，但是其面对的资源约束却呈现出更为严峻的形势。三种重要力量的合力共同塑造了资源约束力最强的一个时期。

第一种力量是所有创业企业都必须面对的"新企业的劣势"（Stinchcombe & March, 1965）。组织学大师斯廷奇库姆用这个概念囊括了一般性的创业企业必须克服的几个问题：新企业的成员需要创造和学习新的角色，这就需要额外的资源、资金、时间来适应；新企业内部的人员需要一定的过程来建立彼此的信任和协作，这个过程不是一蹴而就的；新企业需要花费资源来与顾客和供应商建立关系，而老的企业已经和这些利益相关者建立了紧密的联系。运营一个创业企业本身就是不容易的，在这一点上每个国家都是相似的。没有轻车熟路，没有理所应当，创业企业的困扰是真实存在的。

第二种力量是由家族管理控制的创业企业面对的独有的资源约束。由于家族企业倾向于维持其对企业的控制，它们始终非常警惕有可能改变公司属性的外部资本。不少家族企业之所以发生控制权争端，是因为第一代家族企业家并不熟悉资本市场的游戏规则（赵晶 & 王明, 2016）。这种案例出现之后，家族企业的控制者对于外部资本的投入更加警惕。家族性创业企业的资金需求在创业发展期比较高，而此时的企业还没有创造出足够的财富来应对企业的扩张，所以家族性催化了资金环节的紧张状态。

第三种力量是我国改革开放之后制度环境对家族企业施加的约束，特别是融资问题。就像我们刚刚分析的那样，因为不愿意吸纳过多的权益性投资，家族性企业在创业发展期会面对严重的资金困难。进入创业发展期的企业，通过家族内部筹集资金也变得越发困难。家族自有资金早在前一个家族诞生期就已经尽可能地投入企业之中了。对企业而言，此时最后的可行性融资管道是对外借贷。但是由于我国四大国有商业银行主要倾向于政策性地支持国有大中型企业，作为民营经济的家族企业很难和强有力的国有企业竞争资金资源，所以我们会看到有些家族企业竭尽全力接近银行的重要人员，希望通过"软磨硬泡"或是建立私人关系来获得融资。王健林就在多个不同场合回忆起自己在创业时曾经50多次找同一位行长乞求贷款，却还是一无所获。我们也会看到有些家族企业创业者会通过今天流行的"众筹"的方式，向他们认识的各种利益相关者拆借资金。比如吴长江就先后多次向自己的员工、供应商、经销商筹借资金。我们还会看到有些家族企业创业者不得不到地下钱庄去借高利贷。曹德旺就曾坦承自己在最困难的时期借来了大量高利贷以渡过难关。这些成功企业家的故事并非孤例，这种民营企业融资难的问题一直持续到今天。

　　新企业的劣势加上家族企业固有的束缚，再加上制度环境提供的支持不足，共同构成了创业发展期最为核心的特征。如果说创业诞生期的企业大多数只是对机会的初步发掘，尚未真正塑造一个战略，那么处于创业发展期的家族企业的战略眼光仍然较短，怎样保持生存始终是第一要务。

　　成功的创业发展期的企业虽然在不断地攻城略地，但其内里仍然是极不成熟的。这种不成熟性特别体现在企业的高度个人依赖性上。企业内部的流程在这一时期逐步走向正规化，但是创始人或合伙人团队的个人影响依然非常显著。企业脱离了生命周期第一阶段战略模糊化的境地，但是其管理者依然需要不断展现出个人的魅力和美好愿景来激发企业员工的投入（Lounsbury & Glynn, 2001）。家族企业第一代的创业精神仍然在指导行动上起到很大作用（Swidler, 2000）。二百年前的乔致庸，一百年前的荣德生，十年前的马云，和今天千万个积极经营自己创业期企业的梦想者都在燃烧着自己的热情。

高度的个人依赖性在家族企业中更为明显，因为普通员工充分了解这个企业是"家天下"，自己很难"僭越"。由于资源的匮乏，很多家族成员参与到管理运作之中。在客观上带来的后果是家族企业的第一代当家人通过家族渠道就可以获知企业运行状况和控制公司治理，公司的业务会拿到家族中进行讨论，家族关系的逻辑和市场需要的满足在这里交织在一起（Thornton & Ocasio, 1999）。这时的家族企业呈现出一种家族高度参与的特征。

这一时期家族企业的公司治理仍然是高度非正式化的，即使是有专业投资家进入时也依然如此。虽然早期的合伙人起早贪黑地工作，家族成员不计回报地参与到事业发展中来，但公司治理上的安排是原始的甚至是简陋的。强势的家族可以通过构建社会资本控制链来完成对公司的控制（赵晶，关鑫 & 高闯，2010；赵晶 & 郭海，2014）。理解这种非正式的治理安排并不困难。一方面，虽然处于发展期，但是大家经常觉得蛋糕还没有做大，产生财富上的争执其实并无太大益处，企业获得的资金经常会重新投入扩大再生产当中。就像经典的波士顿矩阵中的"明星"业务那样，企业虽然因为突出的产品获得了声誉和发展空间，但是仍需持续投入来将其培养成熟。另一方面，我国经济的金融化程度远低于西方国家，尤其是具有家族性的企业更是如此。形成一个正式化且具有长效性的公司治理安排可以很好地帮助企业在资本市场上进行运作，但并不一定有利于进一步发展企业和保障控制权，所以企业缺乏调整公司治理的直接动力。非正式的治理虽然有效，但埋藏着未来出现矛盾冲突的可能性。在家族企业发展成熟时，我们经常能够看到形式多样的控制权争夺（赵晶 & 王明，2016）。

如前所述，转型经济体面对的制度环境是二元的：一方面，转型环境能提供的资源不足，市场交易不顺畅，游戏规则不清晰，政府资源向国有经济倾斜（Khanna & Palepu, 1997）；另一方面，转型环境也提供了开阔的市场和简单的进入机会，提供了灵活通透的上升发展空间，以及极为勤劳的劳动力群体。

转型经济制度环境的二元性明显地体现在创业发展期。从制度环境约束企业的角度看，当家族企业缺乏获得多种资源的渠道，缺乏保证市场交易顺畅的机制时，它们就发展出了大量的社会网络，或者我们常说的"关系"，用关系来润滑、协调、组织企业与其环境的资源交换（Peng & Luo, 2000）。游戏规则不清晰时，企业"野蛮生长"，采用了颇为激进的策略来快速扩张。政府资源对国有经济的倾斜迫使企业需要通过多种非常规手段获取资源，从而埋下隐患。从制度环境解放企业的角度看，家族企业首先是利用了一片寂寥的市场环境。关于改革开放初期进行创业的第一代家族企业家，有一种有趣的说法，"过去（改革开放初的八九十年代），地上有很多的洞，随便找一个坐进去，就成了佛；今天的情况（21世纪）是你自己要使劲戳一个洞，还得靠运气看看能否成佛"。中国的创业环境已经发生了很大的变化，今天饱受传承困扰的家族企业实际上已经是一轮又一轮淘汰之后生存下来的幸运儿。这些家族企业还充分利用了我国教育水平较高的劳动力，享受了人口红利带来的价值。

虽然创业发展期的家族企业需要面对极为强烈的资源约束，但是环境对它们的影响是二元的。家族企业既有受到约束的一面，又有顺势而为、获得历史条件的幸运一面。

总体上说，创业发展期是家族企业第一个重要的分化时期。这个时期会呈现颇为两极化的情况。很多企业会在这个阶段消亡，尽管这种消亡并不意味着家族财富的终结，实际上家族也积累了一定的财富，但是家族财富的扩张就此终止。能够跨越这个时期的企业，获得了进一步发展的机会，家族财富会以一个比较快的速度增长。

战略结构化时期

当创业阶段结束时，企业逐渐进入一个成熟的阶段。这个时期的企业变成了企业世界里的成年人，企业中途经营失败的可能性明显降低。很多企业没能熬过艰难的创业发展期，而一旦进入战略结构化阶段，企业的处境就会有比较大的好转。由于前期运营的成功，企业逐渐发展出一个成熟的赢利模式。比如成功运行了6年的阿里巴巴已经围绕淘宝网建立了包括支付宝、阿里旺旺、中国雅虎等一系列彼此支持的产品体系；进入结构化时期的娃哈哈已经在中国饮料界做出了全面的产品布局，同时还建立了一整套独特且有效的渠道系统；发展了 5 年的万达在旧城改造上积累了足够的资源和经验时，从第 6 年开始走出东北区域，开始利用前期积累，进行全国性的经营。

家族企业发展的第三周期之所以被称为结构化时期，是因为这一阶段的企业逐渐由前期的个人化、非正式化、短视化走向了标准化、程式化、战略化。由于一个较长时期（6 年左右）发展的成功，重大决策、内部流程、对外买卖交易都有足够多次的实践积累，企业自然地倾向于将已经被证明成功的实践稳定下来。将过去随意的、个人自由裁量的、微妙的行动变得更加稳定和结构化。企业会发现自己的人员变得很庞大，需要建立层级制和职能部门来将分散的力量组织起来。战略决策变得极为重要，尤其是创业元老从具体的业务部门中脱身出来时，如何在更长期内保证企业的成功成为首要的乃至唯一的诉求。起到参谋作用的战略部门、分析师和咨询师逐渐获得更大的话语权以支持高层管理者的工作（Mintzberg，1979）。为了做出正确的战略决策，家族企业的缔造者们开始追求最新的管理工具，甚至花高额的费用雇用咨询公司提供服务（Abrahamson，Berkowitz & Dumez，2016）。由于蛋糕开始做大，过去简单的公司治理安排也会逐渐呈现出其缺点。利益分配不均可能带来的内部冲突开始浮现，家族企业成员之间的关系也会发生较大的转折。由商业成功带来的战略上的变化会拉动企业走向正式化和结构化。正式化和结构化的家族企业看上去变得越来越像人们心目中成功的大型组织。但是这种大型组织的结构化却又会带来新的问题。由于明显的层级制、职能部门之间分野的出现，组织的学习能力和信息传导能力下降，企业的创新能力也会下降。通俗地说，结构化和正式化的家族企业也开始患上了"大企业病"。如何平衡结构化带来的稳定性和持续保持创新的能力，成为这一时期家族企业的主题。

战略结构化时期的家族企业大都发展成了规模较大的企业集团，但随之也产生了明显的控制问题。创业阶段担心的是不能拥有财富，结构化阶段担心的则是失去财富。为了更好地完成家族资产的保值增值，家族企业会推进企业的结构化和正式化。

首先，家族成员逐渐从日常性的运营工作中解放出来，得以认真思考公司的战略，战略决策真正成为一个至关重要的问题。为了增强战略决策的科学性（至少是形式上的），企业管理者经常接受进一步的正式商学院教育，组织上也倾向于建立更为庞大的参谋机构或战略规划部门，并引入更多职业分析师和专业的管理、财务、审计和人力资源人才。家族对于具体运作的项目控制力下降，转而依赖逐渐形成的层级制度和职能部门。

其次，经过利益的重新分割后，家族企业内部权力的分派趋向稳定。董事会制度会逐步建立，公司战略决策权的使用规则会在董事会、家族管理者和控制者中清晰起来。非正式的权力也会逐渐稳定，从而形成企业内部的"山头"，或是小的"政治联盟"。就像《红楼梦》里展现的那样，正式的权力系统由贾母到奴婢、用人的等级都清晰森严，非正式的权力分派则根据家族背景、个人特征、实际情境产生实际上的掌权者，比如能讨得贾母欢心且是王夫人内侄女的王熙凤。

再次，家族企业会建立起较为正式的计划和控制系统。正式的计划系统直接规定了公司的内部流程和未来运作重点，组织成员的主要职责就是执行制订的计划，执行的效果会反馈给控制系统，从而和成员的升职加薪等激励措施联系起来。在网络时代，基于信息技术和互联网技术的计划和控制系统越来越多地被引入企业中。近年来甲骨文和思爱普公司在中国的迅速扩张就反映了正式计划和控制系统的流行性。大量企业的员工会在计算机前面度过自己的每一个工作日。日常的行政工作维持了企业业务的稳定开展。

最后，家族企业会形成比较稳定的文化和历史记忆。第一代创业者的故事被选择性地夸大乃至形成传奇性的描述。这种对创业者魅力的神化整合了企业成员，集中反映了企业的家族性。从中国内地的任正非、茅理翔、宗庆后到香港的李嘉诚、新加坡的曹文锦，再到西方的摩根、罗斯柴尔德、洛克菲勒，家族企业第一代的传奇故事，建构了企业背后的家族在企业中的无上地位。

家族企业的结构化和正式化带来了稳定，但是这种稳定却也令很多家族感到不安，尤其是对企业保持创新性的不安。一方面，正式的层级制度和公司治理安排直接阻断了管理者接触到实际产品和市场的机会，日常的运行抹杀了组织成员的创造性，沟通需要经由正式渠道层层加码。企业背后的家族对于什么是创新性的产品，怎样开发更符合潮流的商业模式，吸纳哪些新的技术和生产方式等重要问题的理解有可能受到影响。另一方面，由于创业时期提供的产品已经逐渐走向成熟，企业可以获得大量的现金流。如何充分利用现金流，寻找到能够继续增长的市场空间，成为家族企业战略的重点。过去的创业年代是想法有余，资源不足，而现在守成年代则是想法赤字，资源充沛。

在这个阶段，家族企业的一种常见行为是进行多元化的投资，对外不仅并购同一产业的竞争对手和上下游渠道，还会选择完全不相关但是"看上去很美"的行业。伴随着近几年社会的热潮，大量的资本被投入金融、房地产、娱乐和艺术品行业。有些家族企业也确实挣到了快钱，但也有不少企业白白浪费了资源。为了扩展潜在的投资可能，不少家族企业的老板求助于商学院和企业家联合会，试图结识更多的社会名流和资源拥有者，以期扩展自己事业的版图。还有些企业将触角伸到国外，想要通过国际化来输出自己已经成熟的产业。

不管形式怎么变化，战略结构化阶段的家族企业都面对创新和控制的两难。如果减少对于企业的控制，创新的可能性会更大，但这种可能性并不能保证任何未来的回馈，同时还要搭上企业现有财富漏损的代价。如果加强控制，家族企业能够更好地保护自己的财富，但是创新的可能性会被窒息。如何在这两者之间寻找一种微妙的平衡，是家族企业在此阶段应该重点考量的内容。

发展到第三阶段的家族企业就是一块很大的蛋糕，怎么切分这块蛋糕是这一时期领导力问题上最为重要的特征。分蛋糕的问题既表现在创业元老之间，也表现在创业者和投资者之间。

创业元老之间既往的团结一致开始逐渐松动，对于座次排名和利益分配会产生许多不同的看法。曾经因为理想在一起的同行者甚至会因此产生极为激烈的矛盾。比如，新东方曾经的三架马车俞敏洪、王强、徐小平就因为利益冲突而发生激烈的对抗。用俞敏洪的话说，"真正的企业的发展和企业合伙人的关系比这个（电影《中国合伙人》）要复杂，我们三人打架打得比这个凶多了"。王强和徐小平其实承认俞敏洪的"创始父亲"（founding father）的地位，而且自认为他们只是"创始叔叔"（founding uncle），可是"叔叔"到底应该拿走多少？这样的逻辑放到家族企业的一般情境里就是，"我明白大哥是公司的缔造者，可我要拿走属于我的那部分"。这个问题对于家族企业来说非常难解决，企业里讲求的逻辑是市场的交易关系，强调成本收益原则。家庭里讲求的逻辑是亲密的家庭关系，强调奉献原则。家族企业的缔造者必须拿出十二分的智慧和极大的牺牲精神来解决问题。所以我们看到在新希望集团成立的第7年，刘氏四兄弟决定分家经营；我们看到曹德旺跪在地上苦苦哀求自己的母亲，希望她支持自己拒绝兄弟加入公司的请求；我们看到茅忠群与父亲约法三章，将以前的老部下尽数清洗。最终，一个真正的权威凸显出来，获得利益分配的非家族元老退居次席，家族企业的公司治理在这一时期实现了比较大的转折。我们今天看到的家族企业，也多半在这一时期确定了自己的家族企业性质。

为了克服创业期的资金不足问题，有不少家族企业在中途引入了外部战略投资者。虽然从一开始双方的目的就有明显差异（投资者通常希望能够尽早上市，完成退出；创业者希望获得资金，并且保持家族控制），但在困难时期各取所需也不失为一种可行之举。战略投资者的存在就标志着家族治理必须向更为结构化、正式化的方向发展。投资人希望保全自己的投资，往往会提出一揽子的管理要求，而为了满足上市的需求，家族企业也必须修正自己的管理模式，以使之更好地适应资本市场的需求。现实中，这两种不同的力量经常发生碰撞，从而不断制造出各种公司治理的新闻事件。最近几年就有国美电器、雷士照明等几家企业的典型案例。不管最终结果如何，这都意味着家族治理方式的重要转折。

正如前面的分析，这一时期企业会呈现出层级化、职能化和参谋权力提升的情况，而这直接对公司的管理人才资源提出了更高的要求。目前来看，管理资源的匮乏始终是家族企业发展的一个重要掣肘。从获取外部高级人才角度看，中国缺乏一个成熟的职业经理人市场。从获取外部的职业人士角度看，家族企业由于其家族性也处于明显不利的地步。杰出人才在企业中上升的路径并不通畅，能否以非家族成员的身份成为高级管理者经常要打上一个问号。况且由于家族内部的相互信任，对于非家族成员的不信任也经常发生。有些外部空降的优秀管理人才会很快发现自己手中的权力被家族成员控制。从更大的社会范围来看，成为民营企业雇员的吸引力远低于成为公务员、外企和国企雇员的吸引力。这一系列的原因都将直接阻止家族企业获得充足的管理资源，并将在很长时间内约束公司的进一步发展。

另一个环境中的不利因素是公司现在建立的社会网络对公司创新的阻碍。在前面的创业发展阶段中，公司利用"关系"，促成了很多交易的形成。这些交易又进一步塑造了家族与其合作伙伴之间的私人关系。虽然私人关系能够在很多危难时刻起到奇效，但却将家族牢牢束缚在当前的网络之中。家族经常与同样的伙伴进行互动，就很难获得新的信息和商业机会。因为反复的互动中，所有重要的信息已经被重复地提及和使用。战略管理大师迈克尔·波特在担任里根总统的竞争力委员会主席时就建议通用电气、通用汽车和微软等美国大型企业尽量吸纳外部人士，打破公司原有固化的社会网络，从而为创新提供新的可能性。

管理资源的缺乏和社会网络的约束都可以被视为一种对公司进一步创新的约束，加上这一时期公司的正式化倾向，家族企业的创新问题会在战略结构化期成为最值得反思的问题。

战略调整期（企业传承期）

家族企业的创新问题在战略结构化时期成为一个难题，企业希望通过自己的努力获得更为长久的生命力乃至基业长青。当企业做出较多的调整，尤其是从原有的核心产品和赢利模式上转向，提供更多有朝气的产品和商业模式时，企业就进入了战略调整期。对中国的家族企业而言，战略调整期又经常是家族企业培养接班人，完成代际传承的时期。由于中国特殊的历史条件，改革开放之后进行创业的家族第一代，如无经历意外，到这个时期恰好盛年结束，必须要思考接班人的问题了。同时他们曾经依赖的发展模式也会在信息时代的大潮下，在更大的范围内受到冲击。过去彰显的个人权威，管理风格上高度的个人烙印，伴随着创始人走下舞台也会逐渐发生变化。第二代能否接班，谁来接班，什么时候接班，怎么样接班，重要的问题一个接着一个。接班人会把自己的经历、观念、习惯、思路带到企业中来，企业的战略方向会相应发生变化。所以战略调整和家族企业传承是这一时期家族企业的基本主题。由于传承问题首先是一个人员和领导力的问题，我们将在本部分首先讨论调整期的领导力特征，并以此为基础讨论传承带来的环境因素的影响，最终回到家族企业战略特征的讨论上。

家族企业传承的问题是一个根本性的领导力问题。但家族传承却没有适用于所有企业的策略。每个家族企业都必须根据自己的实际情况进行权变分析。如图6所示，我们使用了决策树来概括家族传承问题上主要的权变因素，为家族企业传承问题提供一个基本的讨论框架。

家族企业的第一个决策点是是否需要继续持有家族财产。对大部分的家族企业拥有者而言，他们都会选择继续拥有财富，这也确实是很多家族企业创始人最初的理想。但也有一些企业选择将家族的部分资产或全部资产无偿捐赠给特定事业、非政府组织或家族慈善基金会。比如曹德旺就将福耀玻璃70%的股权捐赠给自己要创立的慈善基金会。虽然很多人不理解，但是这种做法却很有可能帮助曹德旺在中国的经济史上留下浓墨重彩的一笔。斯坦福、杜克、洛克菲勒等西方第一代巨富企业家已经通过将财富捐给大学的形式，创造了伟大的精神和文化财富。

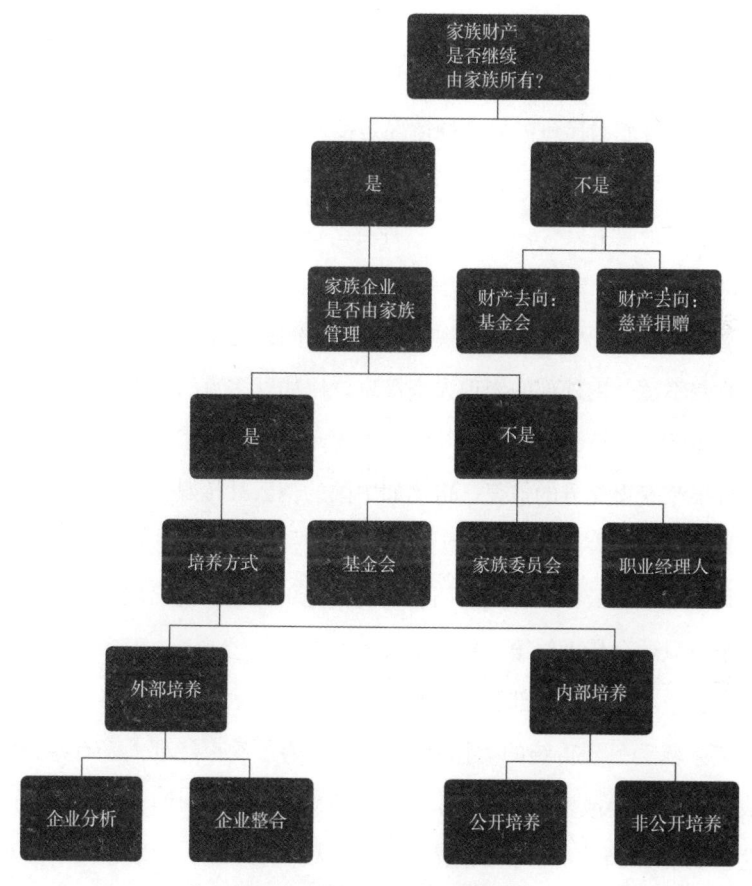

图 6　家族企业传承决策树

对于绝大多数选择了财产传承的企业，第二个决策点在于是否要继续由家族成员管理企业。这个问题相对比较复杂，既涉及潜在接班人的意愿和能力，又涉及家族企业本身的特征。有为数不少的家族企业第二代并不愿意接班。比如王健林就曾表示其独子王思聪不愿意接手万达，他很有可能从万达的众多管理者中选择经理人员。另一个常见现象是第二代成为"宠坏的一代"，热衷于消费和娱乐，并没有能力接班。没有能力接班的另一种情况是接班人在家族企业中经训练和工作之后被证明无法领导企业。此外，由于计划生育政策的执行，有大量的家族企业主只有一个孩子，"库存"的潜在接班人本身就呈现不足的状态，这在一定程度上让更多的家族企业选择由外部人员接管企业。

在接班问题上经常被忽视的另外一个问题是企业的特征。有一些企业并不适合由外部的经理人来接班。比如默多克的传媒帝国，其体系的运营和维持包含着很多与欧美国家政府高层的密切联系，非家族成员很难获得充分的信任。再比如中国的德云社传媒帝国，由于第一代郭德纲在相声艺术上的巨大成就，他有极多的徒子徒孙。如果不能由其子继承德云社，那么同门相残的情况可能会反复出现。这一类家族企业只适合传承给第二代。

当企业选择由外部管理者来运营企业时，家族和职业经理人之间的关系就会呈现传统的委托-代理冲突。为了约束经理人，有些家族成立了基金会或家族委员会，基金会和家族委员会代行委托人之职。这样的特殊结构能够将家族的继承者从监督经理人的决策中解脱出来，而且对资质能力较为平庸或是沉湎于消费的继承者比较有益。但如果不能保证基金会或委员会忠诚于第二代继承者，就会出现更为严重的双层委托问题。继承者、基金会、经理人三者的利益差异会更加明显。家族基金会的另外一个优势是在多子女的情况下避免过度拆分造成的资源分散。

要完成管理者的传承，家族普遍会对继承者进行培养。有些企业家比较相信在外部的培养能够更好地训练下一代。独自闯荡江湖能够更好地发掘第二代身上的进取心和创业精神，同时还有可能为家族企业带来创新的商业机会。再创业的过程兼具培养和测试的目的。目前包括李嘉诚、宗庆后等旗帜性企业家，都选择将第二代在外培养训练。不同的是，李嘉诚的次子李泽楷获得了父亲的部分财产和企业，是一种分拆第一代家族集团的做法。宗庆后的女儿宗馥莉则回到娃哈哈继续掌管父辈留下的企业。也有为数不少的企业家选择了在家族内部进行培养。如方太的二代掌门人茅忠群就是这种模式的成功代表。其中一些企业家还让自己的第二代隐藏身份，通过正常的途径发展升职，目前最为典型的是华为的第二代孟晚舟。

我们的模型只是对传承问题的简单概括，现实中各个企业还有极为丰富的权变因素：父辈的健康、产业的特性、家族的人员，不一而足。总体上讲，中国家族企业传承中父辈扮演的角色总是比较传统，大部分企业家都希望能"扶上马、送一程"。通过漫长的学习培养过程能否真正孵化出一个好的管理者仍然有待于时间的检验。

当家族企业第一代彻底放弃管理和控制时，第二代才可以在实际意义上成为企业的掌管者。"主少国疑"是公司内外部所有重要利益相关者的共同体验。这种"疑"首先来自对第二代能力的怀疑，一个成长在财富中的继承者能否像第一代那样充满进取心，依旧热衷于发展企业，并且展现出充分的能力。重要利益相关者的怀疑还来自对于既有的商业关系和私人关系稳定性的怀疑。他们担心过去和第一代互动的方式没办法适用到第二代身上。

利益相关者的担忧不是没有根据的。今天很多第二代反感第一代高度依赖社会网络和社会关系发展企业的行为。他们当中的大部分人接受了高等教育,还有为数不少拥有海外留学经历。他们成长的世界、接受的价值观与第一代截然不同。相比于通过"关系"完成业务,他们更希望像西方管理者那样以经济利益说话。这种观念很可能带来社会网络的重构。宗馥莉、茅忠群、刘畅等著名家族企业第二代已经从行动上印证了这种观点。

对创新而言,调整社会网络的行为是有益的。更多差异性的信息、观念、技术可以借此卷入企业里。更为灵活的网络关系也能减少企业不必要的人情往来。但这同样隐藏着一种危险:第一代所发展出的互动方法是经过不断试错而被证明有效的。就像神农尝百草那样,虽然看似原始,但在无形中符合了中国的商业环境和文化背景。过于激进地修正父辈留下的社会网络关系可能会损害原来极有效率的交换关系。

战略调整期战略上的总体特征是转折和变化。这种转折既来自全面布局的需要,又来自家族企业第二代执掌权力的需要。在战略结构化期,家族企业创新不足的问题就逐渐暴露出来。在原有的"拳头产品"开始走向衰退之际,企业力图有效率、有效果地将企业积累的资源布局到更有潜力的业务上。家族企业的传承和第二代管理者会带来全新的思路和做法。中国的老话讲"不破不立",这破立之间蕴藏着家族企业持续创新的机遇。需要重申的是,这种转折并不一定会带来正面的结果。但是现实的环境是万物互联时代和移动消费时代的降临，产品和企业的生命周期都变得更短，千禧一代即将进入组织，成为未来组织的主要成员。家族企业第二代在满足新的市场需求上有着第一代人无可比拟的优势。

另一个有趣的话题是第二代管理者在未来如何看待战略和家族财富。如果将个人生活放置在一个比较重要的位置上，他们的进取心比第一代一定会有所消减。但这也不意味着他们不能将企业带向辉煌。含着金汤匙出生的他们对于金钱的态度也许与从疾苦中走来的第一代截然不同，或许他们更愿意追求财富之外的价值。现在国际学术界的主流观点认为，在家族企业特别是欧洲的家族企业里，人们会追求一种"社会情感财富"（Gómez-Mejía, Haynes, Núñez-Nickel, Jacobson & Moyano-Fuentes, 2007; Gomez-Mejia, Cruz, Berrone & De Castro, 2011b）。通俗地说，拥有企业的家族希望在社会性的情感上也获得积累，他们希望获得周边社区乃至整个社会文化的认可，他们希望自己的价值能够不仅体现在金钱上，还体现在文化上。与忙忙碌碌的父辈相比，第二代是否会追求更多的社会情感财富，让我们拭目以待。

生命周期与战略创新

家族企业的生命周期塑造了不同阶段的企业经营目标和侧重方向。虽然在第四阶段，家族企业进行再创业的诉求最为明显，保持创业精神的重要性也最为明显。但进行战略创新始终是企业的核心诉求，只是不同时段的特点不同。在创业诞生期，创新的重要性内化于基础性业务的选择。基础性业务可以从一开始就是高度创新的，就像20世纪90年代初推出营养液和果奶的娃哈哈。基础性业务也可以是经过初步战略调整后形成的，就像最初从"飞翔"转型而来的方太厨房的业务。在创业发展期，战略创新的意义则是对第一阶段创新的精细化。这种精细化既可以是管理技术的精细化，也可以是商业模式的创新发展，还可以是核心产品的进一步技术优化。创业发展期成功创新的重要性在于它能够帮助企业在竞争中建立优势。当企业进入战略结构化时期时，战略创新已经变得越来越重要。一方面，日渐结构化的组织开始通过组织惯例获得更突出的效率和更高额的财富；另一方面，这种结构化又阻碍了组织对于新机会的探索，从而阻碍创新的进一步发展。这一问题或激发或裹挟着组织进入战略调整期。成功的战略调整通常意味着有效的创新，其成果有助于企业的持续发展。如果企业未能成功进行战略调整和组织创新，企业未来的可持续发展通常难以实现。

颠覆的机遇：启动战略变革

不管一个人接受怎样的哲学观，我们讨论家族企业管理问题的时候其实也是在讨论作为普遍意义上现代企业的管理问题。在现代企业管理中，战略变革始终是战略管理领域的一个核心议题。其背后的基本逻辑不难理解：战略管理（乃至更为宽广的管理学）最为关注的便是为什么一些企业或组织能够获得超出其他同伴的绩效表现，且这种杰出的绩效表现能够在更长的时间得以持续。鉴于组织面对的环境在不停地变化，比如需求的升级、生产技术的变革、企业人员的转换，因此，如何获取并长期保持竞争优势，获得良好绩效，通常需要企业在合适的时机做出合适的反应，进行战略变革。考虑到伴随着信息和通信技术的发展，人工智能对人类产生了越来越大的影响，人类社会正在进入又一次工业革命式的转换过程中。战略变革在这种时期会凸显出越来越重要的作用和不可不考虑的现实重要性。一方面，战略改变带来的升级能够改变产业和竞争格局，改变企业的盈利状况和发展状况；另一方面，不能及时发现环境中蕴含着的变革性要素，做出及时且有效的反应，企业可能迅速走向衰败。用今天比较常用且具有直观性的词来描述，家族企业要面对的问题，是如何主动启动战略变革，施加"颠覆式创新"，做出正确的战略反应。在本节，作者首先会提供一个基本的分析框架，随后讨论企业如何主动地实施创新，且这种创新是如何展现在具体的商业案例中的。

作为战略和创新系统的家族企业

在讨论完作为家族系统和组织系统的家族企业之后，作者来继续对家族企业的战略和创新系统进行讨论。如果说家族系统侧重情感和非营利性的考量，组织系统侧重系统可持续性和适应性的考量，那么战略和创新系统则更为关注企业的当期经济回报和可持续竞争优势。在今天的市场环境下，能否在战略上获得持续的成功与能否做出持续的创新几乎完全交织在一起。虽然战略变革可能是今天商业语境下最被滥用的词汇，但这也间接印证了如果家族企业不能持续在这一系统上取得成功，家族系统和组织系统的可持续性就会变成无源之水。

家族企业的战略与创新系统的基点是战略决策过程所依托的人员体系和决策流程。传统的战略管理理论倾向于认为战略是集中在公司高层的活动，通过对公司高管及其治理过程的关注可以预测企业大部分的经营行为和经营绩效。对家族企业而言，这种倾向更为明显。因为不仅家族拥有通常是超过一半乃至全部的公司股份，构成了所谓的"家族所有"，而且家族成员还会在管理层和各个关键职能岗位上担任要职，这又构成了所谓的"家族管理"。由于家族在治理层面上的绝对性优势，在家族企业这样的组织中，其他个人和资产本质上都是围绕着家族的目的和利益展开的。这种分析范式经过了大量的理论和经验验证，其合理性已经被证明，但是需要提醒读者的是，因为战略最终要转化为实践，在这个战略过程中的其他关键节点，比如中层管理者、组织文化、对环境的感知等内容也应该根据实际情况纳入对战略和创新系统的讨论中。

在家族企业中，创新问题与战略决策过程紧密咬合在一起，这种咬合至少体现在两个方面。其一，创新的问题直接关乎企业的产品市场策略，即企业要选择采用多高的成本代价去满足多大的市场需求，这是战略管理研究从 20 世纪 50 年代一直到 80 年代的主题。作为公司内部流程的结果，整个组织系统的创新最终要转化到产品和市场这个终极出口上。这里创新产品的概念至少包含两个层次——产品本身的创新和产品商业模式的创新，前者改变的是作为物的商品，后者改变的则是商品和顾客之间的关系。其二，创新的问题还直接关乎企业的内部流程问题，也就是企业能否通过不断优化来提升运营效率，避免组织僵化。这种研究思路比较接近自权变理论之后的经典组织理论研究的视角。当产品在市场上面对顾客之前，其在组织内部经历的整个生命周期已经在很大程度上奠定了组织的成功或者失败。在市场化竞争进展到很高程度的时期，产业中品类竞争趋近白热化，内部流程的优化程度会越来越多地展现出来。由于这两个视角的差异，当前的家族企业研究对创新问题得出了一组相互补充的研究结论。积极的一面是，家族企业由于内部科层制的发展较为不发达，其管理层能够以一种高度柔性的方式，从组织底层和环境中进行学习，从而促成了组织的创新。这一结论实际上讨论的是产品-市场型创新问题。消极的一面是，家族企业面对的资源约束通常都会超过非家族企业，而资源约束将会直接导致企业进行试错和调整的冗余变小，间接降低创新的可能性。这一结论实际上讨论的是企业内部创新的问题。这两种充满张力的过程和机制也反映出家族企业战略和创新系统的基本功能诉求是：一方面，建立柔性，进行环境适应；另一方面，建立核心资源与竞争能力，进行高效率的内部管理和行业竞争。

福耀玻璃：探索国际化创新之路

福耀集团是全球范围内汽车玻璃行业的领导者，其全球市场占有率超过 70%，包括通用汽车和大众汽车在内的著名汽车品牌都是福耀玻璃的合作伙伴。虽然福耀集团股票早在 1993 年就已经公开上市交易，但由于董事长曹德旺长期持有大比例股份，且其家族成员能够较为自由地进入企业日常管理和运营过程，该集团通常被认为是一个典型的上市家族企业。福耀成功的独特性在于该公司是中国家族企业中较早地成功实现国际化经营的公司，其 60% 的产品服务于国际市场。在汽车市场保有量巨大的美国、澳大利亚、俄罗斯等国家和地区汽配件市场也占有 10% 以上的份额。通过对它的案例分析，我们能够更好地理解成功的国际化战略需要的管理方式。

福耀的国际化操作本身就内嵌在其身份特征上。从 1993 年股票上市时的信息披露看，福耀在 1987 年 6 月经福建省政府批准成立时，就是一家中外合资企业。早在 1988 年，福耀就已经吸收了外资的贷款。也正是这笔贷款带来的机缘，曹德旺在贷款提供方行长的说服下，开始认真思考境外上市融资的计划，虽然最终在多种条件的影响下，福耀选择在国内上市，但是这一过程已经给国际化经营带来了启蒙性效果。从后续的发展看，福耀玻璃的国际化运作可谓多角度、全方位。

从产品市场角度看，福耀玻璃从 1994 年就开始进军美国，试图撬动全球最大的汽车市场。胆大心细的曹德旺从一开始就大胆任命美国经理人，但他很快感受到两国财务制度差异带来的冲击。由于美国银行资金调转制度与国内不同，福耀美国总经理可以不得到授权而私自调走资金。惊愕下的曹德旺立即意识到这种控制手段缺失的情况将给国际化运作带来巨大风险。他的应对策略是派出曾在中国香港训练多年，已经证明自己管理能力的儿子曹晖前往主政。虽然曹晖并不愿意承担这一责任，还因此与曹德旺发生长期的冷战，但他还是成功地完成管理任务，拿到了 MBA 学位，并在后来那场著名的反倾销诉讼中展现了自己统领企业的能力。

2001 年，美国 PPG（一家全球性的制造企业）对福耀出口的汽车玻璃提出反倾销调查申请，经过美国商务部的调查和裁定，福耀被认定为存在非法倾销行为，并因此从 2002 年开始加征 11.8% 的反倾销税。如果束手就擒，恐怕我们就看不到福耀在美国市场获得的巨大成功了。福耀当即决定主动应对，在经过仔细调查之后，福耀意识到这一裁决缺乏法律依据，并于 2002 年 4 月向美国国际贸易法院起诉。经过一年多的辩论审理，国际贸易法院法官最终于 2003 年底驳回了美国商务部的裁决，要求其按照国际贸易法院的裁决重审。美国商务部重审后撤销了原有决定，福耀取得了关键性的胜利。在当时中国刚刚加入世贸组织的特殊历史时期里，中美发生一系列贸易摩擦，不同于大部分的中国企业，福耀选择了美国人能够接受的方式进行正面应对，为其后续发展赢得了空间和尊重。从 1998 年适应当地市场，开始获得盈利之后，福耀已经在美国成功运营超过 20 年。其间另一个值得骄傲的成绩是，福耀玻璃已经在美国建有 5 个工厂，成为第一批成功向美国输出资本的中国企业。

从公司治理的角度看，福耀一直在探索国际化的治理结构。在20世纪90年代初，曹德旺曾经使用他拥有的香港身份，通过多个关联交易方复杂而频繁地进行股权转让，将控制权逐渐掌握在家族手中。一位福耀的前雇员透露，转道香港也是当时的一种流行做法。当时的地方政府喜欢引进港资，还可享受政策优惠，所以福耀一开始就是中外合资企业。1996年，当公司发展到中等规模，面对瓶颈期时，曹德旺又牵头与世界玻璃巨头法国圣戈班集团合资。为了表达合作诚意，家族成员曹芳、曹晖退出董事局，取而代之的是圣戈班4名外籍人员。当时的目的有两个，一是学习国际主流企业的技术和管理经验，并借此把业务扩展到海外；另一个则是寻找合适机会，逐步卖掉福耀，家族抽身而退。后来曹德旺回忆道："做企业非常累，当时我也看不起自己，认为福耀要想变成全球500强的企业是不可能的，倒不如卖了股票退休算了。"这次探索并没有获得预期效果，圣戈班方面想要借福耀进入中国市场，但并不热衷于帮助福耀进行海外扩张。作为旗下的300多家子公司之一，福耀并无太多独特之处，值得母公司使用资源帮助其宣传品牌。在试验失败之后，曹德旺重新买回股权，进入下一步的治理探索，他逐渐转变思路，开始引进具有国际化背景的职业经理人。

从全球化管理的角度看，福耀试验过三类具有国际化背景的管理者。第一类是曾经在外国著名公司担任高管的外国人。2003年，曹德旺辞去总经理职务，转而聘请日本人丰桥重男出任总经理。这是国内第一个引入国际职业经理人出任总经理的大型家族企业。丰桥重男曾任职于日本积水化学公司，擅长日本企业精细化的管理方法，具有高度负责的敬业精神。曹德旺与之相交多年，对其寄予厚望。但在仅8个月后，丰桥重男就因文化和语言方面的不适而离职。第二类是拥有国际化经验和视野的本土职业经理人。2005年11月，福耀集团通过猎头公司的搜寻，以月薪25万的天价，聘请原通用中国公司的高管刘小稚为总经理。刘女士拥有技术管理方面的丰富经验和汽车行业的深厚人脉，同时还曾获得过德国电机及化学双博士学位。福耀希望通过她的管理，为公司拓展海外市场打下坚实基础，但她的任职时间也未超过一年。外界推测主要的离职原因仍然是家族企业与外部高水平职业经理人相互匹配的问题。第三类是拥有国际化经验和教育经历的家族成员。最为典型的例子是曹德旺的长子曹晖。曹晖曾长期在中国香港和美国任职，且担纲过多次集团层面的"救火队员"，成绩斐然，经历辉煌，理论上说应该毫无争议地继续为家族管理企业。但从个人角度看，他似乎并不愿意接过这一职务；从其父最初的设想看，因为运营家族企业需要的个人投入太大，他也不愿意长子重复自己辛苦的职业生涯。而且从他们的共同任职时段来看，父子两代还存在观念上的冲突和对立。总体而言，对于有国际化背景的管理者的探索尚未结束。

福耀玻璃的国际化战略创新启示

对于思考中国家族企业的国际化创新运作，福耀玻璃提供了一个珍贵的案例，可供研究者和管理者思考。鉴于中国家族企业才刚刚开始国际化探索，本部分提供的总结性论点最好被看成启发性的观点，而非确定性的判断。

首先,家族企业的国际化创新探索与规模不完全相关。总体上讲,福耀玻璃开始国际化思考时就已经是一个运营状况良好的家族企业,但这不能掩盖曹氏家族在探索国际化发展时的前瞻性和超越性。他们早在1994年就开始开拓北美市场,当时的北美作为全球最大的汽车消费地,的确能够提供无与伦比的市场环境。但以常情常理而论,恐怕没有多少美国人能够相信,他们的汽车玻璃是来自尚未完全市场化的中国。对福耀而言,他们没有等待全球化的市场战火烧到家门口,反倒是极早地就进入了全球性的市场。而正是多年在美耕耘的经验,帮助企业掌握了适应当地制度环境的技能,当2002年面对反倾销危机时它才能够迅速做出反应。对今天的中国家族企业而言,树立全球化心智模式,尽早为全球性的市场竞争做准备,可能在长期的战略发展上为企业赢得宝贵的经验和时间。企业的管理者最好不要因为规模的问题就放松了对于国际化发展的战略思考。

其次,家族成员在国际化运作中有着不可忽视的信任优势。经常导致国际化运作失败的一个原因是,母公司无法充分信任境外子公司的管理人员:过分的放权可能导致控制失序,资源漏损;过分的集权虽然能够避免失控,但是毫无灵活性的组织无法适应当地市场的需求。福耀的案例向我们展示了家族企业在此的独特优势——如果家族成员能够成为拓展国际业务的领导者,母公司可以比较放心地授权给境外子公司。曹德旺的长子曹晖在美领导分公司多年,哪怕与父亲心存芥蒂,多年未曾直接通电话,但仍然为家族事业持续奔波。

再次，家族企业国际化运作提供了训练和培养接班人的机会。延续前述话题，曹晖在中国香港和美国的发展经历都可以看作完美的接班人训练范本。根据曹德旺的回忆："儿子大学毕业后，我就让他到工厂当工人，一干就是6年，熬成了车间主任。我看他可以独当一面了，就把他扔到香港去，让他从一张白纸做起。他做出点气候来了，有了宝马、马仔。我看他很舒坦，就又让他去美国留学。他恨死我了，6年不接我电话，就是一个人念书。后来他拿到MBA，又在美国给我搞公司。现在他是全服帖了。"在国际化的环境中，接班人被推离了舒适区，需要通过行动来不断证明自己，这种做法看似残酷，甚至会导致两代人的矛盾，却能最大限度地激发继承者们的潜力。曹氏父子有一个广为人知的例子可以被视为国际化训练过程为企业带来的新思路：曹德旺在美国的一个好友艾伦曾与福耀发生业务往来，依仗着这层私人关系，他将价格压得很低。但曹晖拒绝这样的生意，因为在美国的商业伦理中，如果艾伦的价格降下来，那么其他客户的价格也得按照同样的低价，否则对别人不公平，不符合生意场上的游戏规则。曹晖的坚持换来了艾伦对规则的尊重。

最后，国际化是一个过程，而非一个终点。探索过程的试错不应当被看成沉重的负担，相反应该被视作前进的起点。从最开始引入国际投资者圣戈班开始，福耀就抱着一个继续学习和发展的心态。当结果并不如意时，曹德旺迅速转向，调整到新的思路上来。在国际化经理人的问题上，福耀同样敢于试验，敢于犯错，并最终确认了选择国际化背景管理者的思路。每个企业的情况千差万别，作者建议读者不要把福耀的试验结果看成金科玉律,探索国际化的脚步需要根据自身情况来做决定。在犯错之后吸取教训,快速进入下一步骤,很有可能为企业拓展出突破性发展的新可能。

自我更新:以传承为契机

对家族企业而言,传承是企业创新的重要时机。成功传承引致的创新能够帮助企业应对环境中其他企业做出的颠覆式挑战。鉴于人类正在走入所谓的后工业化时代,来自其他组织的颠覆式创新的压力正在加大,竞争态势随时可能激化,组织"即抛型"自我颠覆的过程不仅需要勇气,也需要智慧,有时候还需要一点运气。为了更具体地解释这个过程,笔者在本节将对利用传承机会,成功进行自我颠覆的方太集团进行案例分析。在今天的家族企业话语体系中,方太占有着非常独特的位置。一方面由于方太从产业链下游的代工厂转型到产业链更为上游的位置,从而具有了"微笑"的自信和实力,它能够启示很多情况相似的家族企业。另一方面,方太的战略变革和它的家族企业传承得到了有机整合。实际上新旧管理者的交替本身就可以视为一种战略变革契机,利用这一契机,家族企业能够更好地做出颠覆性的创新。

茅氏家族企业战略变革路径

方太创始人茅理翔的创业历程反映了整个第一代中国企业家的

典型发展路径。在旧体制中担任10年会计和10年供销员，他初步积累了对市场的理解和企业运营管理经验。1985年45岁时，茅理翔正式另起炉灶，以六台小冲床起家，创办慈溪市无线电元件九厂，最初的计划是生产黑白电视机配件。但是"大干快上"的机会迅速失去，1986年经济过热现象引起了社会的反响，整体经济进入调整期。而此时适逢产业转型，茅理翔的黑白电视机配件一下子没了销路。茅理翔的妻子张招娣曾经担任过纺织厂的副厂长，她和茅一起发现了电子点火枪这个门槛低但竞争并不激烈的行业。利用较为廉价的劳动力资源，在四五年的时间内，茅理翔将电子点火枪做到产销量世界第一，一度占据世界市场50%的份额，被誉为"世界点火枪大王"。虽然成为"大王"，但这种回溯式地位其实并没有看上去的那么光鲜和响亮。能把企业办成"大王"，茅理翔和他妻子的经营能力得到证明，这说明他们能够有效组织起生产并控制运营流程，在当时这已经是非常杰出和稀缺的技能。但他们并没有任何突出的技术和研发能力作为后盾，也没有直接面对消费者时展现出的适应性和柔性。1991年的广交会，出现了另一个点火枪展位，就设在茅理翔展位对面，而且其产品跟茅理翔生产的一模一样，但价格更低。很快，飞翔点火枪的价格从每只1.2美元直降至每只0.3美元，企业开始面临生存危机。对第一代企业家而言，他们对于战略变革苦涩的初体验，通常来自价格战带来的生存压力。当1991年茅理翔将慈溪无线电厂改名为飞翔集团时，这种称谓的变化反映了身份的变化和市场定位的变化。当时的飞翔集团仍然是高度家庭化经营的公司，他的妻子、女儿、女婿都在组织中提供协助。这个过程可以被视为他的家族第一次战略转型（见图7）。

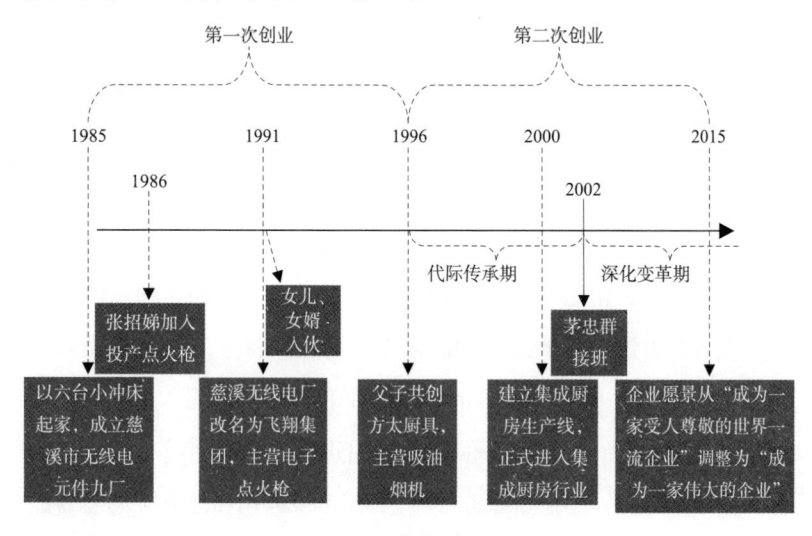

```
         第一次创业                    第二次创业
    ┌──────────────┐         ┌──────────────────┐
  1985      1991        1996      2000        2015
       1986                           2002
                              代际传承期    深化变革期

  张招娣加入   女儿、                茅忠群
  投产点火枪   女婿                  接班
             入伙

  以六台小   慈溪无线电厂   父子共创   建立集成厨   企业愿景从"成
  冲床起家，  改名为飞翔集   方太厨具，  房生产线，  为一家受人尊
  成立慈溪    团，主营电子   主营吸油   正式进入集   敬的世界一流
  市无线电    点火枪        烟机       成厨房行业   企业"调整为"成
  元件九厂                                         为一家伟大的企业"
```

图7　方太战略变革

　　1996年，茅理翔的儿子茅忠群大学毕业，面对个人生涯发展的方向性选择问题。从后来的回忆看，茅氏夫妻其实一直在心理上预期儿子茅忠群能够接过家族企业的重担，也因此花费了大量的时间和精力进行培养和说服。茅忠群经过慎重思考，给父亲开出三个条件：企业从原来的小镇搬到开发区；原来集团的人一个都不要；新项目的决策自己说了算。这三个条件实质上改变了原来组织所处的生态系统，如果能够比较坚决地执行，明显会把企业转向新的轨道上。后来有证据表明，在茅理翔运营飞翔集团的5年内，转型就已经进入他思考的范畴。并不意外的是，茅理翔一一应承下来。这标志着方太的第二次战略变革，这次的战略变革以核心管理者的身份转化为最基本的动力。随后的执行过程中，父子二人还是不可避免地发生了多次交锋，但是整体过程并不复杂，父子二人的优势相得益彰。

伴随着第二代茅忠群主导的战略变革，飞翔集团变成了方太集团，公司的产品由点火枪变成了抽油烟机。企业名称的变化其实内含着品牌定位的变化，创始人的名字不再出现在品牌中，取而代之的是略有香港风味的更接近产品目标市场的名称；产品的变化则意味着企业的产品向下游出发，更贴近中国的消费者。茅忠群在大学获得的技术训练和其父长期倾向的技术立身的态度融合在产品之中，很快这种产品就获得市场的认可，而这种认可会帮助转型中的企业确立方向，同时也确认了交接班时的信心。方太的传承计划被称为"三三制"：以三年为一个周期，第一个阶段是父辈"带三年"，茅理翔完全控制重要的对外资源关系，特别是与供应商和银行的互动关系，张招娣负责内部的运营管理，而下一代茅忠群负责技术研发与改进。第二个阶段是父辈"帮三年"，这个时期，销售的权力逐渐过渡到茅忠群手中。6年结束后，原计划的第三个阶段"看三年"本来类似于退居二线的老领导随时观察情况，提供建议，但由于茅忠群在前两个阶段的稳定表现，茅理翔和张招娣比较彻底地退出了企业运营。第二代主导的战略变革就此获得组织内部的初步认可。

2003年，也就是茅忠群完全执掌企业的第二年，方太正式将品牌名由"方太厨具"更名为"方太厨房专家"，方太不再是首先立足于提供一种"器具"，而是变成提供全面服务和一次性解决方案的

"专家",进一步明确以"专心、专注、专业"的理念致力于厨房领域的战略。从2005年开始,方太已经慢慢地成为中国厨房家电领域的第一品牌,将国际竞争对手甩在了后面。随着"厨房专家"定位的成功,方太的战略也逐渐升级,并于2007年确定以"中国高端厨房电器第一品牌"的品牌目标为新的方太品牌发展战略。

与开拓高端厨房电器市场战略一致的管理策略是,方太从2008年开始执行著名的"全员身股"计划。即给予非股东优秀员工一定的身股,让其参与经营、管理与分红。在入股方面,身股不出资金,而是凭劳动入股,有的地方也称为劳力股;在收益方面,身股又称为分红股,只按股份分得财务收益,而不具有控制权。作为非上市公司的一种员工中长期激励机制,方太从2008年开始摸索全员身股制,经过两年多的筹划,形成方太集团身股制纲要,并于2010年5月正式实施;方太员工从2011年开始就分享了公司上年度总额约5%净利润的分红;这一计划经过2012年的调整之后,以全员身股计划的形式一直实施至今。茅忠群设立这种制度的目的是充分激发全体员工为实现方太集团的使命和愿景而共同奋斗。在具体操作过程中,方太也在不断调试,但整体上这种制度是一种增加员工分享的重要措施,极为有利于家族企业跳出资源约束,增强员工心理上的归属感。同时,企业在高端化的过程中仍然能够保持一个较好的成本控制体系,因为节约的资源最终会回馈到员工身上。茅忠群认为,方太全员身股制是方太的短中长激励制度。实施全员身股制度后,员工以企为家、以企业的收益增长为目标严控成本、敢于付出。

启动企业战略的经验

茅氏家族从小型代工厂到行业高端产品的首要提供者，经历了多次规模或大或小的变革，而每次变革最终都被证明在长期提升了企业的竞争能力，增强了企业适应环境的能力（在2008年金融危机之后，方太仍然持续获得了高速增长）。他们的经验能够为很多家族企业带来直接的参考。

其一，迅速把握战略变革的时机，毫不犹豫地自我革命，服务或创造更为广阔的新市场空间。

从大视角看，茅氏家族企业前后经历过两次重要的自我颠覆，一次是在面对点火枪领域的超竞争时，企业变得多元化，茅理翔的女儿女婿加入家族生意，并且自立门户成立独立的塑料厂。另一次是继续应对升级的竞争压力，企业变得集中化，茅理翔的儿子茅忠群加入家族生意，但把注意力放到新成立的厨房家电事业上。一次多元一次集中之间，家族的注意力都极为敏锐地观察到了市场上发生的变化，且决心巨大，愿意为自我颠覆和创新做出根本性的转变。尤其是在第二次变革中，直接打破原有的组织结构，另起炉灶，建立新的人员物资和财务的联系。

从内部视角看，由于家族企业初期高度个人化的特征，它并不像大的层级式组织那样柔性不足且知识资源稳定。家族逐渐放弃原来的点火枪业务看似放弃了很高的产业地位（Chen et al., 2012），其实这种地位并没有附带高度的组织知识和专有性资产，所以能够比较彻底地跳脱原有框架，拿出资源来投资新产业，这并非鲁莽之举。与此同时，家族企业内部监督不足，员工侵占企业的问题也可以通过另起炉灶来做一次彻底的清理。茅忠群要求原有的人员都不加入新的产业，为自己主导的创新卸去了大半压力，而其父全力的支持，本身就说明这一问题同样也引起了家族的重视。这种转变的另外一层意义在于为公司的正式化、正规化提供了一次机会。试想，如果后来的方太仍然放在当时的飞翔集团业务范围下，我们姑且不论是否能够将新的产品提供给市场，单是二十多年老资格的组织成员可能就会把后续的全员持股计划裹挟得无比复杂。成立新公司，建立新的资源提供体系，使用新的人员，最终建立新的核心能力，其实是家族企业自我变革时可以参考的一种思路。宗庆后在娃哈哈为其女准备的"大礼包"，也可以看作是这种思路的应用。

从外部视角看，茅氏家族的转型抓住了战略管理上比较重视的概念"机会之窗。"今天看来，点火枪业务因为很快被自我颠覆，特别容易被观察者忽视。但是作者提示读者，点火枪业务至少有两层作用：一方面，初次以电视机配件创业不成的茅理翔，是通过这一业务才得以翻身，获得初步的资金积累的。另一方面，其妻加入企业并深度参与生产过程的管理，实际上帮助企业建立起了有效的生产惯例（March and Simon, 1958），这种运营生产型企业的经验最终通过张招娣移植到新的方太企业中。这两个方面其实都可以看成组织对市场需求的充分理解和自己组织优势的基础出发而产生的市场导向型决定。20世纪80年代的中国，在刚刚开放的国情下，茅氏家族就已经开始探索承接国际产业转移，利用局部的优势劳动力资源，且逐步思考创新问题。等到了1996年茅忠群开始进行再创业时，这种思路一以贯之地渗入企业中。接下来中国房地产市场的持续发展，在很大程度上催化了高端厨电品牌方太的全面爆发。顺势而为，适应市场，创造需求，茅氏家族的战略变革成功其实并不难理解。而由于这种成功，变革的信心得以极大地确立，从而增加了企业家在下一次变革中拥有的威信。

从较为微观的视角看，茅氏家族本身就是在不断自我进化中发展的企业。由于早期没有过于刚性的核心资源，企业只能不停地进行自我微调和改进。细微到从一开始就坚持的文艺活动和员工团队建设，到后来每隔两年都微调全员身股计划，整个企业的结构和实践很少完全凝固下来。这也启示其他家族企业，要充分利用自己快速响应性的优势，警惕任何可能凝固组织的管理实践。成功的战略变革和自我颠覆既来自管理者的素养，也来自企业所能提供的基本土壤。最终应验了古老的看法，"机会是留给有准备的人的"。

其二，保持高度的战略一致性，避免分散公司的稀缺性资源。充分理解并保持自己的核心资源和核心竞争力。

现代企业金融的基本逻辑是通过多元化投资来分散风险，这种逻辑被很多大型科层制组织所运用，但是对家族企业而言，这可能是种不完全合理的选择。我们尤其应该考虑到这种思潮的来源是已经高度程式化的发达国家，其经济部门盈利稳定而可预测，中国的国情并不适用。对中国的家族企业而言，其立身的核心业务或许能提供巨大的盈利，而在没有弄清楚状况的时刻，很多其他的新业务会消耗而非帮助企业。正如沃伦·巴菲特所说，他会把鸡蛋都放到一个篮子里，然后小心翼翼地看管这个篮子。这个篮子就是最为赢利的篮子。

茅忠群向茅理翔提的要求，本质上就是把公司最好的资源纳入自己的新篮子里。用茅理翔自己的话说，叫"口袋论"。茅理翔认为，钱最好放在一个口袋里，否则会给企业埋下隐患，最终将导致家族和企业的分裂。同时，需要建造另外一些口袋，用来保障其他利益方的利益。茅理翔也用"口袋"理论解释他对家族传承的安排：虽然资源不只放在一个口袋里面，但要将最核心的资源放在最核心的口袋里，以保证企业的传承。在方太设立初期，茅理翔以口袋论指导自己的管理变革，即不让核心成员在企业中任职（或管理职务），但是却给他们一个出路。按照茅理翔的说法，第一个口袋是女儿女婿——将早期经营点火枪的"飞翔"留给他们；自己和妻子儿子是另一个口袋，一起经营方太。

"口袋论"作为一种经验化的概括，在很大程度上贴合了当今战略和创业管理的核心论点：保持单一的核心业务，让所有的资源都朝一个方向流动。这在极大地避免资源浪费的同时，也能够最好地建立企业核心能力（Rumelt，2011）。即使那些高度成功的多元化公司，也是最核心的业务始终占领着战略地图中的制高点，一切的成功都以此为基础。例如李嘉诚家族的事业始终以长江实业为基础，用通俗的话说，不管世界如何变化，这个业务始终是最挣钱也是最重要的。

很多观察者，包括研究家族企业多年的学者，有时候会片面地认为家族企业财务方面过于保守，主要来源于家族自身的资金。殊不知这种安排会将家族的战略优势发挥得淋漓尽致。由于没有证券交易所的压力，家族能以最大的自由来管理组织。家族与家族企业的连接是长久稳定的，家族能够在不受外力的影响下，自主发展那些长期有效的独特战略。时至今日，战略管理和公司金融学里一个困扰很多人的话题就是为什么资本市场并不总能良好地识别出来那些杰出的战略。一种尚未完全发展的解释思路是，成功的公司战略通常需要长期性的布局，而这种布局的合理性很难传达给广大的投资者。例如，今天漫威电影的巨大成功是经过了长达十年、二十多部电影的铺垫而来的。在最初《钢铁侠》电影诞生的时刻，没有太多外部投资者能够接受这种宏伟但风险巨大的投资计划。在新自由主义席卷世界并且影响了资本市场制度规则之后，杰出的战略创新如何避免被财务资源市场抹杀变得尤为棘手。在美国的资本市场制度中，由于其不同类型股票可以拥有不同的投票权，优秀战略还在一定意义上获得了自由的空间（虽然也造成了另外一些问题）。而在包括中国在内的大多数其他国家，同股同权的制度安排更有可能给家族企业独特战略的运用带来挑战。

茅忠群在接受《中国经济周刊》记者访问时就曾直言不讳地提出自己避免上市运作的原因：外部资本的介入当然有助于企业在短期内获得更大的份额，但对方会提出短期内急速扩张和利润增长的要求。外部资本希望在实现利润之后就退出企业运作，但家族希望能够长期把品牌做大做强。在笔者看来，这一决定充满了管理智慧，它能保障企业在长期发展中核心资源和竞争能力的稳定和一致性。

其三，优势互补，构成家族成员内部多样化的技能体系，通过组织结构安排最大化技能优势。

社会媒体关注方太，通常会首先把问题理解为父子两代人如何有效传承，这一角度当然没错，但被忽视的一点是，父母和儿子构成了管理资源上的有效互补，这种互补带来的关系与其说是两代之间的家族化关系，不如说是类似于齐心协力的合伙人关系。作为长辈中的男性，茅理翔适合担任名义领导，出面与其他企业和政府机构打交道，既能够运用其老到的社会经验，又能够给交易方和沟通对手吃下一颗定心丸。作为长辈中的女性，张招娣心思细腻，思维缜密，在运作内部管理时，能够做到恩威并施，组织有序，扮演了保证生产运作和产品品质的重要角色。作为下一辈的接班者，茅忠群接受了精英教育，能够设立合理的技术革新目标，并且能在技术层面上充分理解企业下一步发展的具体轨迹，增加了家族企业对于技术创新问题的柔性。这个家庭的相互分工，充分发挥了各自拥有的经验和以往的优势。从更广泛意义上说，上下两代人拥有的市场观念和经营哲学也有比较大的互补之处：父辈拥有避免问题的实践经验，子辈拥有适应市场和未来技术方向的理论知识，正好可以避免单一人员带来的偏颇。在家族企业战略变革中，两代的融合是优势的融合，不是缺点的融合，更不是自恋自大，无法适应新环境和另一种崇尚新做法的自恋自大的结合。

启动战略变革、自我颠覆和塑造市场环境的过程需要勇气、智慧和运气。通过追溯茅氏家族企业30多年的成长史，我不难发现他们拥有了战略变革成功的根本性要素：父子两代人都勇于做出新的尝试，探索新的战略发展的可能；探索过程中展现出足够多的智慧，抓住了正在涌现的机会，又保持高度的资源整合性。加上整个中国社会在经济发展过程中爆发出的市场潜力，方太成为所在行业高端领域的翘楚。那些通常被认为是家族企业缺点的问题并没有成为方太发展的束缚，反而成为促成其成功的必要条件。

第九章

家族企业的未来

当结束对具体的家族、财富创造、社会性及战略和创新的讨论时，作者想从更基本也更深入的角度来讨论家族企业，讨论它们的思维方式和对应的社会文化系统，讨论它们对社会观念系统的影响与改变，从而更好地理解它们的未来。

新钱与老钱

西方社会里有一种对社会财富的分类法：根据获得财富的时间长短，来判断是所谓的新钱（new money）还是老钱（old money）。如果获得的财富已经有较长的历史，这种钱就是所谓的老钱。如果获得的财富历史时间不长，甚至是刚刚获得财富，这种钱就被称为新钱。当人们到美国东部的纽约和波士顿等地区探访时，不难发现那里的建筑风格各异，各具美感，某种程度上这是老钱的标志——因为经历了时代的变迁，不同的美学品味都渗透到那些拥有悠久历史的建筑中。这些年在中国大地上拔地而起的摩天大楼整体风格都很相近，说明中国财富积累的时段比较统一和即期。当然与很多从殖民时代就开始积累财富的欧洲国家相比，整体上美国的财富也代表着一种新钱。新钱和老钱的区分来自普通社会成员的常识性看法，折射出财富的社会性后果，正如后文作者想要讨论的，财富的社会性会渗透到家族企业持续发展的每个部分，直接影响家族企业的未来方向。

新钱和老钱的张力

新钱和老钱之间的张力和紧张首先体现在新钱的拥有者很容易被污名化，新财富的拥有者或许要面对一个极端严苛的舆论环境。他们不得不更为谨慎小心地呈现自我（Goffman，1978），因为任何的姿态都有可能被戏仿式地解读和消费。人们很容易去质疑他们话语背后是否有一颗真诚的内心，比如流行的"不知妻美刘强东，普通家庭马化腾，悔创阿里杰克马，一无所有王健林"，就是鲜活而典型的例子。造成这种状况的原因是多方面的。首先，快速增长的财富让拥有者迅速脱离了原有的社会控制，人们质疑他们离经叛道行为的道德合法性。就像20世纪20年代好莱坞电影工业刚刚兴起时，快速获得财富的第一代电影明星被大量淳朴的普通人视为奇怪的、魔幻的，乃至可怖的（Fine，1997）。其次，因为这种财富本身就会打破原有的平等状态，引起他人的不适和不满，所以社会观众会把注意力放在新钱的不当行为上，人为地放大某些消极面。事实上，这种在财富积累速度上的差异不仅会引发财富拥有者和普罗大众之间的矛盾，同样会引发以不同产业和方式进而以不同速度获得财富的主体之间的矛盾。以高科技和新技术为基础的"新钱们",在全世界范围内都引发了"老钱们"的不满。新财富代表的权力和社会地位诉求又会对"老钱们"产生某种威胁,从而引发后者系统性的批评。最后,从文化和观念来看,新财富的拥有者或许触动了社会成员深层次的焦虑和不安。中国社会在过去几十年经历了急剧的变化,很多人认为这是人类社会历史中最具戏剧性的几个片段之一。这种时代塑造了社会成员的观念,用科幻作家刘慈欣的话说,我们这个民族能够感受到明显的"未来感":"我们喜欢读科幻文学,我们也身处科幻文学中。"不知不觉中,急速变化的社会把焦虑感放置在人们的心里,当激情澎湃的当代传奇故事被建构和被分享时,人们在投来羡慕眼光的同时,也产生了对自己人生的不安感受。以几何级数增长的新财富,触动了人们敏感的神经。

新钱和老钱之间的张力还体现在双方因为创业经验和产业特点的不同而产生的观念对抗上。从经济特征上考虑,"老钱们"所处产业相对比较古老:制造业中的石油、钢铁、代工、地产,服务业中的餐饮、交通、零售、金融。这些行业通常是能够带来持续利润,特别是持续大额现金流的古老生意,它们中的很多企业虽然正在融合新的技术和管理要素,但是核心的资源仍然是公司的资产、融资能力、成本管控的技能、与重要利益相关者的良好关系等,是劳动力和资源密集型的产业。"新钱们"所处的行业则日新月异:制造业中的信息技术、生物科技、新材料、新能源,服务业中的互联网、现代物流、新媒体、新娱乐。它们被视为未来拥有无限潜力的新生意,虽然在最初未必能快速带来利润,但一旦度过了产业的导入期,利润就会如雪花一般飞来。而即使利润还未降临，它们也能成为华尔街的宠儿，拿到源源不断的投资。它们代表了新的技术和管理要素本身，主要的核心资源通常都是无形的：某种算法或数据系统、科研和专利开发能力、技术团队的创新能力、基于新科技讲故事和制造内容的能力，是资金和技术密集型的产业。经济形态的不同在很大程度上塑造了两者价值观的不同。"老钱们"在经济上和政治上的价值观念保守，他们追求的成功通常是财富、地位、权力的联合体，是马克斯·韦伯一个世纪之前就揭示的基本特点。"新钱们"虽然同样愿意追求这些要素，但这往往不是他们的重点，他们更追求对人类的影响和对社会的改造。在经济上和政治上，他们都更为激进。在世界范围内普遍的规律是，两种人群虽然都是财富拥有者，但财富创造的方式和目的有着根本性的差异，他们在现实中普遍存在难以融合的矛盾和对立。

之所以谈新老钱之间的两重张力，是因为这能够给我们一个更长久更广阔的视角，可以从其他发达国家已经走过的路径来思考中国家族企业未来的走向。那么第一个问题是，中国的家族企业到底算什么钱？答案是，这有点复杂。从时间上看，是新钱，因为大部分财富的获得和持有时间不过一两代人；但从产业属性上看，则大部分属于传统意义上的老钱，而且越是接近两代传承的家族企业，老钱的意味就越重。

作为新钱的中国家族企业

作为世界范围内的新钱，中国家族企业代表着新富的人群、产业和特点，难免在国际范围内不被理解和接受。这不仅体现在国际关系层面，更具体地体现在每一个要走向全球舞台的中国家族企业的遭遇上。当伊斯曼·柯达公司破产，好莱坞高地上的柯达剧院变成 TCL 剧院之时，很多美国人都感受到中国资本正在步入他们最为骄傲的产业，他们可能忘记了曾经的几大电影公司都是散落在全球的犹太人到美国建立的，他们也忘记了 20 世纪 80 年代索尼等日本资本大举进军好莱坞时给他们造成的不安和烦恼，以及后来怎么发展到适应以至舒适和尊重的。如果我们了解新老钱之间在社会评价上的矛盾，我们就知道今天中国企业的遭遇多么正常，而且随着时间的发展，这种矛盾最终会被弥合，而弥合的速度可能远比人们的预期来得更加快速。

怎样弥合这种矛盾？首先，要选择一种更为开放的态度，主动适应国际商业竞争的规则，学会利用在这种规则下的一整套话语体系。就像最近去世的伟大思想家詹姆斯·马奇告诫过我们的那样，虽然很多矛盾冲突的背后是利益的争夺，但人们决不应该忽视冲突时采用的规则和话语。2002 年，福耀玻璃面对的反倾销诉讼并非当时中美贸易摩擦的一个孤例。但是曹氏家族很早就做好了准备，掌握了那个环境下的最适合的应对方式，用当地的资源和办法，打败了当地的竞争对手。很多家族企业在中国市场上表现得无比灵活，能够适应一个曾经高度不成熟的市场环境。改换竞争场景之后，能否依然像过去一样机变灵敏，是对它们的新考验。其次，要提高组织的创新和战略能力，用好的产品，打开新市场的大门。本书写作之际，正值中美贸易摩擦之时，作为近年来最为成功的中国企业，华为成为双方对抗的一个矛盾焦点。在此背景下之所以得以全身而退,其根源是华为在过去很长时间的技术和创新积累达到了自给自足的程度,摩擦和对抗并不能击倒这家公司。事实上,在新自由主义仍然占有压倒性优势的时代,华为不断推出的产品能够帮助它吸引源源不断的消费者。这些消费者经过适应,最终会把信赖华为视若平常。最后,也许是最重要的观念,就是保持充分的耐心。从表面上看,耐心似乎从来都不是中国家族企业的优点。中国企业擅长创造和利用市场,抓住每一个转瞬即逝的机会向前推进自己的事业。如果没有这样的态度,中国经济奇迹恐怕无从谈起。但当企业要进入新的、成熟度高的商业竞技场时,最好放下一蹴而就的心态,冷静地应对那些始料不及的挑战。换一个角度,用最通俗的话说,总会有更新的新钱出现。在世界范围内,当新富的国家和企业出现时,中国的家族企业最终也会变成老钱,从而获得更高的社会评价和更大的舆论空间。

作为老钱的中国家族企业

当我们把眼光放到国内市场,从产业属性上分析时,中国的绝大部分家族企业则又属于传统意义上的老钱。而且越是面对传承难题的家族企业,老钱的特点越明显。这个现状给家族企业带来一个需要进行持续思考的根本性问题:如何避免让老钱主导的观念体系阻碍家族企业的持续发展。作者在前面的章节中已经在不同程度上讨论了这个问题,但更多侧重在为具体的问题提供具体的方法论上,这里的讨论将从更抽象的层次概括这两个问题。

老钱所代表的观念通常是保守的，但保守并不意味着不合意。从经验层面上看，保守经常被证明是行之有效的看待人类社会的方式，而且伴随着年龄的增长，会有越来越多的人拥抱这种保守观念。从抽象层面上看，在这个商业社会滚滚向前的时刻，人们很容易失去可以依靠的内在价值。保守的观念通常能够很好地保护家族成员，让他们找到价值的依归，从而更容易获得人生的幸福。就像伟大电影《教父》中，老教父维托教导其子麦克的那样，在资本主义彻底侵蚀了他们这个意大利移民家族的一切传统之前，尽可能多花时间陪伴家人，家庭是他们能够守卫的最后港湾。

保守的观念有其存在的意义与合理性，盲目否定和彻底抛却保守观念是根本不可能做到的。但是家族的战略家们要对过度的保守观念保持警惕，因为它真正的风险在于约束了家族对于未来的想象，从而在更长的历史时期促成企业的衰落。

第一重衰落的可能性来自对于企业未来的发展方式缺乏有创造力的想象。企业今天的运作方式已经证明了当前企业发展模式存在的合理性——取得的绩效如此之好，商业模式如此深入人心，会让决策者认为任何显著的偏离都是高度非理性的。这种情形的存在并不是因为管理者变得骄傲自大、故步自封，恰恰相反，正是因为管理者认真严肃、充满理性，才会足够敏锐地发现任何偏离原有成功战略方向的证据。成功可能导致成功，但成功也可以导致失败。在克服对现有发展方式的过度承诺上，家族企业呈现两极分化的趋势：一类企业展现了非常高的灵活性，因为家族控制的治理结构使得组织不受短时的资本市场影响，即使短时间内因经历变革而使绩效受损，它们仍然能够坚持下去，以更快的速度进行反思和革新，不停地刷新对于世界的理解和想象；另一类家族企业则更热情地享受既有的财富成功，完全承诺在当前的模式上，不想也不愿想象出另外一个世界并为之改变。如何避免成为后一类组织，管理理论已经提供了大量的方案。但归根究底，这不是一个具体的方法论问题，而是一个根本的世界观问题，依赖的是家族企业里的战略家们采用怎样的视角去理解他们的组织和他们自己的身份。

第二重衰落的可能性来自对于家族和企业关系的可能性缺乏有创造力的想象。作为世界上最古老的企业组织形式，家族企业已经用几乎和现代工业社会一样长的历史证明了它的有效性。创业型的企业也很容易走上家族企业这条道路。但一个更为根本的问题是，这种家族和组织交织的经济组织方式是不是本身存在危机。家庭的观念正在发生急剧的变化：谁可以组成家庭？组成家庭的目的是什么？如果最初的目的不能达成，家庭是否还要继续下去？在人类步入后现代阶段之后，这些问题正在越来越多地困扰着每一个人。皮之不存，毛将焉附？尽管很多极为成功的家族企业依然竭尽全力要求其子弟坚守传统的价值观念，但这种努力正在变得越来越辛苦，我们不确定未来会走向哪里。伴随着家庭的变化，家族和组织之间又要如何以新的方式衔接起来，是一个巨大的未知数。越来越多的家族企业在探索家族委员会、信托基金、慈善捐赠等比较新型的延续手段，它们在以自己的方式寻找这种新的关系。如果"老钱们"过分执着于自己认定的方式，家族企业关系在未来的变化可能会让他们感到始料未及。

第三重衰落的可能性来自对家族企业追求的终极价值缺乏有创造力的想象。在今天的社会观念体系下，名利地位和财富固然是值得追求的，发展家族企业也固然是获得这些东西的一种有效路径。但是如果家族企业只停留在获得世俗成功的目标上，可能最终无法继续获得这些东西。除了宗教之外，人类历史上最为长寿的组织是现代大学。那些来自欧洲的古老大学很多都已经经历了近千年的历史。它们都拥有复合型的身份：教育的非营利性目的和生存下去的营利性目的。但如果它们没有那些更高层次的非营利性追求，一千年间人类社会的风风雨雨，恐怕早已将它们打垮。如果家族企业的缔造者们想要让自己的企业持续生存下去，想要让自己的后代能够持续从家族获益，他们应该创造一些世俗成功之外的目标。在西方社会，那些生生不息的老钱：洛克菲勒家族、肯尼迪家族、美第奇家族，都是通过他们超凡脱俗的社会理想得以存续至今的。更多的老钱几经易手，恐怕都已经不再属于最初创造他们的家族。

上述三点，是抽象层面上老钱所代表的保守观念必须面对的核心挑战。虽然因为其抽象性，并不常被人讨论，但并不意味着它不重要。事实上，这三个问题渗透到家族企业今天面临的几乎所有问题上。最典型的例子就发生在当下热门的家族企业传承问题当中。作为老钱和其观念代表的第一代家族企业缔造者，试图把企业交给越来越被新钱和其观念吸引的第二代继承者。他们相互磨合的过程完全可以看成两种差异性观念的融合过程。对于娃哈哈,这个问题是宗庆后代表的传统消费品企业扩张模式和宗馥莉向往的以新经济为基础的现代消费品企业扩张模式的碰撞;对于茅氏家族,这个问题是茅理翔年轻时缔造的出口加工型企业和茅忠群推动的侧重服务和品质的新型企业之间的融合;对于新希望,这个问题是刘永好擅长的传统大规模农业产业化的思路和刘畅擅长的新型精细化服务的多元化企业的共同发展。虽然结果各不相同,但是传统思维都在以各种方式与新思维进行交锋,有时紧张,有时顺滑,到底会以什么样的方式终结这种张力,我们还需要更多的时间进行观察。

在当代的中国家族企业里,新钱和老钱的矛盾就这样交织在一起。一方面,走向国家化的中国家族企业被看成新钱,要承担被污名化的代价;另一方面,过去这一时期又是以一种老钱的方式崛起的,这种方式不仅是经济的,还是文化观念性的。面对今天的环境,家族企业又需要寻找一种新的可能性,把新老财富创造的方式和思维进行全新的整合。

理性与非理性

非理性的迷思

如果把家族企业拟人化,家族企业到底是理性的还是非理性的,这是一个并不容易说清楚的问题,今天比较流行的看法是,家族企业并不理性，是一种逐渐落伍的组织形态。如果我们对照标准的经济学理论，这套已经统治了整个社会科学，充斥在今天所有公共文化空间的，具有意识形态性质的观念体系——家族企业的确偏离了完美的理性：在治理结构上，家族企业没能做到充分利用社会资金，过分执着于保持家族的控制力；在投资选择上，家族企业太过保守或是信息过于闭塞，经常错过重要的机会窗口；在人员选择上，家族企业形成了一个封闭的生态系统，尤为倾向于内部产生的管理者，特别是使用家族成员担纲重要管理职位；家族企业经常会参与到一些并不直接与创造经济利益有关的活动中，似乎太过迷恋一些并不能带来实际利益的目标，不能像米尔顿·弗里德曼的理想预期那样完全聚焦在自己的经营问题上。这四类看法似乎都能构成论据，说明家族企业的非理性。在得到了学科性的支持后，非专业的作者又基于这些观念，有意或无意地开发出各种变体性的说法。它们出现在今天的社会舆论空间里，填补了人们对于那些巨富家族的想象，充实了茶余饭后的谈资。

将家族企业看作非理性的主体其实是有偏见的。一方面，论证其非理性的观点，更多是理论上的假设，目前并没有获得太多的经验数据支持。另一方面，这种观念其实和我们形成的直觉是相互矛盾的：现实中的中国家族企业，通常都有着精明的创业者和在特定行业深入耕耘多年的经验，而且它们已经通过持续有效的生存和不断积累的财富反复证明了自己。这些视家族企业为非理性的看法，很多来自社会文化的建构过程，反映了人们对家族企业的不完全理解。这些看法构成了现代生活的迷思——那些看似合理，其实并不太经得起推敲的现代神话。

　　家族企业之所以被视为偏离完美的效率和理性,首先是因为其独特的公司治理结构脱离了现代金融理论对于所有权结构的预测。家族企业,特别是第一代缔造者主政时期的家族企业,通常把控制权的掌握看成第一要务。它们随时对投资人保持着警惕,因为后者追求的是另一种逻辑和理念。投资者们希望企业能够快速扩大规模,占有更大的市场份额。企业有更亮眼的市场数据、更宏大的资产规模后,就容易被资本市场追捧,从而在上市融资之后将投资者的投资变现。所以投资者的追求往往更为短线。这种将大规模等同于规模经济再等同于有效率的看法,与金融学理论和工具在最近40年的扩展有密切的关系(Cetina,2006)。从20世纪70年代起,新自由主义的观念逐渐在公共政策和经济研究领域占据上风。以华尔街为代表的现代金融体系迅速将大量组织乃至整个社会运作的逻辑金融化(Davis,2016),能够被数字衡量统计和分析的企业成为华尔街的优等生。那些拒绝被这种潮流席卷的家族企业成为少数的另类。对于这一时期的家族企业而言,如果已经成功运转了几代人,积累了充足的自有资金,这种金融化的浪潮似乎还不会太有伤害性;但对刚刚上路的家族企业而言,在这样的舆论环境下生存,将承担非常具体可感的压力,第一代缔造者们会不由自主地套用文化中盛传的那些观念。当企业遇到困难时,通常意味着企业过往的资本布局不完善,缺乏足够的规模经济,下一步的重点应该是如何寻找投资伙伴。这种逻辑是如此之顺畅,根本上是因为整个时代的观念都被调到了同一个频道上。

一个被社会忽略的社会科学事实是，很多企业的战略成功在很长时间范围内都是没有被资本市场识别的。最新的例子是刚刚成为世界上市值最大公司的亚马逊。在最近一两年被认可之前，亚马逊经历了多年的低估值，贝佐斯本人也被质疑是否在以有效的方式统领该公司。成功的战略往往需要战略家认真布局多年，直到最后几块拼图纳入整体图景，公司所建立的战略优势才明显地展示出来。对复杂有效的战略保持高度耐心是家族企业的优点，拥有一个免疫于投资者短期诉求的治理结构，家族企业能够按照适合组织的节奏进行投资和技术扩展。从战略——企业管理最重要的角度来看，家族企业不仅并不感性，而且保持了高度的"战略理性"。被视为非理性，是因为它们没有融入社会观念所关注的那种"战术理性"的潮流中去。

在投资选择上，家族企业的非理性被认为与其高度的保守性或者信息不足有关，从而经常错过重要的机会窗口。这种看法包含着三个层次的理解，都有或多或少的局限性。首先是家族的投资存在保守性，且这种保守性被片面地视为缺点。从投资项目的数量来看，家族企业的确更少参与到新的投资项目中。但是从绝对的投资数额看，家族企业却并不逊色于非家族企业（Carney et al., 2011）。这告诉我们，家族企业向它们认为有潜力项目投入的单笔投资超过非家族企业，但是它们并没有盲目地投资更多的新项目。因为家族企业使用的资金是自有资金，其投资行为更加谨慎，存在的代理成本更低。对于其保守性的批评，很大程度上来源于分析数据的局限性。其次，家族企业被认为存在信息不足的情况，因为管理者局限在家族范围内，有可能拥有太过相似的观念和看法,从而把某些重要的信息过滤掉了。这种看法指出的机制是存在的,改进家族企业沟通和信息系统的一个着力点的确应该是打破内部人员的观念同质性,减少信息过滤网。但是在信息层面家族企业又有一个正向的信息增强机制:因为家族企业更多地依赖家族成员进行控制和协调,其正式控制体系通常弱于非家族企业,信息从底层到高层需要经历的科层数量相对更少,从而也能减少信息的过滤。正反两种机制相互抵消作用之后,家族企业是否存在信息过分过滤的问题变得高度依赖情境,需要从企业所在的行业特点、企业发展阶段、信息的内容特征等多个角度综合判断,学术界尚未对这一问题进行有效的实证研究,作者对此保持一种不可知的态度,但这也足以说明家族企业信息不足的问题并没有像人们想象中那么严重。最后,由于前面两条原因,家族企业会经常错过行业的机会窗口。我们的确可以观察到家族企业在某些千载难逢的机会上裹足不前,错失良机,但是作者倾向于将这种情况纳入大规模企业的问题当中去。实证上并没有系统性的证据表明家族企业比非家族企业在这一问题上表现得更差。事实上,由于家族企业高度依赖企业家个人的判断力而非正式的战略计划部门,家族企业在追逐市场机会上可能更具优势。举例来说,宗馥莉试图在娃哈哈引进正式的数据分析和决策体系时,经验丰富的宗庆后持保留意见。他告诫宗馥莉,在中国的市场条件下,正式的计划通常都不能得到执行。他的个人策略是保持与市场渠道的紧密关系,一旦发现市场机会就快速投入和试验。试验失败是可以接受的,因为只要保持持续规模的试错数量,就会有充足的成功产品被市场接受。宗庆后的个人经验总结与管理研究的基本发现是一致的,只要管理者能够持续在不确定性环境下做出快速决策,企业整体上对于市场机会的把握就是有保障的(Brown and Eisenhardt 1997; Mintzberg and Waters, 1985)。所以在持续投资的问题上,家族企业的保守性可能是有益的,其决策信息的问题尚未有明确的结论,且并无证据表明家族企业错过重要机会窗口的比率高于非家族企业。

家族企业的非理性同样被认为存在于人力资源实践上。由于家族企业形成了一个封闭的生态系统,管理者更可能从内部产生,特别是重要的管理职位通常由家族成员担纲。从整体上分析,这一角度有其合理性。当家族企业过于执着于将内部的职位留给家族成员时,企业的人力资源系统就很难建立平衡的奖惩和升迁机制,当工作成绩优异的员工不能获得进一步职业发展的承诺时,人才的流失率会大大上升。封闭性人力资源系统的另一个问题在于家族成员内部的代理成本问题,某些家族成员被安排到所谓的"肥缺"位置上,利用家族的事业为自己牟取私利。而其身份的特殊性又会极大地减少被发现和被惩处的可能性,毕竟对非家族成员而言,这是家族内部的事务,外人不应插手。其结果是家族成员内部产生了新的难以解决的代理问题。正是因为忌惮于此,很多成功的家族企业管理者制定了非常严苛的规则,直接禁止过多的非核心家族成员进入企业任职。虽然从这一角度看,家族企业存在非理性的要素,但这并不一定导致家族企业整体上的非理性,特别对今天已经发展了一个世代的家族企业而言,这一问题正在受到越来越多的重视。正如作者在第四章讨论的那样,当家族企业度过了创业诞生期和创业发展期,进入战略结构化阶段时,管理者就会将更多的精力放在优化公司内部流程、理顺人力资源实践上。中国最成功的家族企业通常在这一问题上走在时代的最前列。比如福耀玻璃早在2001年就已经引入第一位外籍首席执行官。通过这位在日本工作多年的管理者,福耀力图将精细化的管理过程纳入公司日常运作之中。这一案例又提示我们从人力资源市场的角度来看待这一问题。因为中国缺乏成熟的职业经理人市场,家族企业更为依赖内部的管理者本身也可能是无奈之举。总体上说,如果家族企业不能克服其在人力资源上的问题,对于其理性程度的责难就始终存在。

家族企业被认为非理性的另外一个重要理由是,家族企业经常会参与到一些并不直接与创造经济利益有关的活动中,比如对于某些长期合作伙伴的高度承诺,对于当地社区的积极参与,对某些政商关系的高度重视,等等。根据作者的研究,我们可以分两种情况进行讨论。

第一种情况,中国家族企业对其商业合作伙伴的承诺时间和承诺程度显著高于非家族企业。高承诺经常意味着在哪怕面对经济损失时,仍然保持着与合作伙伴的交易关系。今天的管理学和国际商务研究对于这一现象提供的解释是,由于第一代中国家族企业兴起时,市场制度的发展尚不成熟,经济交易的风险过大(Khanna and Palepu, 2000),结成高承诺的合作伙伴关系是企业的一种风险分散机制。当遇到特殊问题时,合作伙伴能够以部分经济利益为代价,保证双方企业的持续运转。只要时间足够长，互助性的商业伙伴就能够达到长期的风险分散最大化（Carney，2005；Peng and Luo，2000）。这一解释逻辑延续了波兰尼在分析经济嵌入性时的思路（Beckert，2009；Stanfield，1986），展示了经济活动与社会关系不可分割的特征。看似在经济上不可理解的选择，本质上是在长期有利于企业的生存和发展中的选择。家族企业对于特定政商关系的承诺也可以用这一机制来解释，即为了克服环境的不完善性采用的风险规避机制。

第二种情况，在民营企业的类别中，家族企业更热衷于和当地的社区建立稳定的关系，帮助完成一些明显与企业主要利益无关的目标。虽然在中国，此类特征最为明显的企业类别是国有企业，但鉴于其本身经常扮演一种政治治理工具的角色，家族企业与之并不可比。作者认为，很多学者之所以怀疑家族企业追求与地方社区的衔接是否理性，是因为他们将家族企业的决策点错误地置放在了单一组织之上（Carney，2005）。在第六章作者就指出了家族企业的决策逻辑通常是"家族利益最大化"，其决策的参考点是家族而非具体的企业，现实中家族的整体利益可能是通过多个名下企业的互动完成的。家族与特定的社区发生持续紧密的关系，其获益时期并不一定在当期，也并不一定局限于单个观察者已知的企业（Nason et al.，2019）。在此情况下，家族企业对于非经济利益的追求最终仍然会转化为经济利益。

在这一小节，作者分类讨论了四种导致家族企业被视为非理性实体的现代迷思，得出了总体方向一致但具体解释机制不同的结论：在治理结构上，家族企业保持资金来源的封闭性能够有助于组织追求长期的战略收益,之所以被视为非理性,更多来源于与当前社会金融化的价值矛盾(Davis,2016),家族企业实际上达到了更为高级的战略理性,而非局部的战略理性;在投资选择上,家族企业所谓的保守更多反映的是其在投资新项目上的效率和较低的代理成本,这实际上是一种非常理性的发展路径;在人员选择上,家族企业的封闭生态系统的确不利于持续的人力资源积累,这也是家族企业正在着手解决的问题;在参与非经济性活动上,家族企业通常会利用这些机会,创造在更长时期内,在家族层面上最大化经济利益的机会,导致表面与实质理性的程度产生差异。综合这四个维度,读者不难发现,在理性问题上,家族企业并不处于弱势,只是要理解家族企业的理性需要深入该类组织的实践逻辑之中(Thornton and Ocasio,2008)。由于这种逻辑与今天流行的社会观念并不完全一致,社会评价体系在无法准确归类其行为的条件下,只能将家族企业的行为划为非理性行为。

最近流行的社会情感财富理论对上述问题也提供了一种替代性的解释,该理论可以将上述几个维度统一解释为家族在追求独立的非经济性目标,这种目标能够帮助企业在情感上获得积累感和效用。与作者的坚持社会共同认同的理性视角不同,社会情感财富理论的思路本质上是转换对于理性的定义,在其逻辑框架内解释了家族企业的理性。虽然结论是相似的,但是作者需要提醒读者的是,社会情感财富理论的实证来源是地中海北岸的橄榄油作坊,规模较小且经营时间很长,其具体情境与大部分中国的家族企业集团有较大差异。虽然这是种已经被很多管理者和学者接受的理论框架,但盲目使用它可能会有失偏颇。整体上，中国家族企业仍然呈现出高度的理性，实践者和研究者应该尽力避免受到非理性迷思的影响。

传统与现代

从 15 世纪美第奇家族在佛罗伦萨兴起，以家庭结构为基础的家族企业已经走过了 600 余年的历史。虽然并不总是被看好，但是其内里高度理性的特征帮助家族企业成功克服了一次又一次的难关。以超长的历史框架看，今天家族企业面临的最大挑战是，如何以一套颇为传统的价值观念和组织手段来应对极为现代的、以"数据智能"为特点的第四次产业革命。作者的核心论点是，虽然动态环境和产业竞争将会在组织形态和管理技术上为家族企业带来挑战，但家族企业并不需要焦虑和恐慌。家族企业需要做的，是像历史上它们曾经无数次做到的那样，因势而动，在改变具体的管理思路的同时，保留家族企业最核心的价值，用传统与现代结合的方法，来完成今天的使命。

数字智能和新组织技术

以数字智能为特点的第四次科技革命正在奔腾而来，我们每一个人的生活都在发生改变。这种基础生产技术的变化给现代企业组织带来了全新的挑战，企业需要开发出新的组织技术来应对。

数字智能的挑战首先是市场需求的挑战，组织需要重新开发出能够引领消费者需求的产品。与此同时，由于产品迭代速度的整体加快，组织很难再通过单一产品反复吸引其消费者。当同类别出现新的、在技术上更为强劲的产品时，企业会立刻面对极为激烈的竞争。应对这一状况有两种基本组织技术：组织去中心化（边缘强化）与组织自我呈现观念化。所谓的组织去中心化是指组织通过使用新的人工智能和自动化手段在内部业务核心上减少人员，并将更多的人员放置在组织与外界发生交互的界面上（Hirsch，1972）。由于消费需求变得更加分众化，组织需要这些边界人员与客户需求发生更为亲密的接触，提前预测新需求的发展方向。同时由于消费需求更容易被多种形式的守门人（gatekeeper）或评估实体（evaluating entity）所影响，组织需要更多的人员与这些力量发生及时互动。组织自我呈现观念化的技术是指组织在开发和营销新产品时，通过正确地利用社会文化观念的根本趋势来赋予其产品意识形态性的价值（Rao et al.，2005），从而从差异性的角度区分企业的产品与同类竞品。正如文化社会学大师亚历山大所说，虽然人类生活在技术层面上已经非常复杂，但人们在理解事物时仍然采取传统的理解框架。如果组织能够从根本上抓住这些观念框架，产品的技术属性将变得相对次要。例如苹果公司的手机产品线从来都不是技术上最为复杂和领先的，但该公司成功地将这种产品的技术特征与我们时代认同的最具未来感的艺术设计联系在一起。从此苹果手机不只是扮演手机的功能，更重要的是它在文化上成为人类进入更为现代性生活的钥匙。这一案例是高度理想化的极端案例，但整体上不改变组织自我呈现观念化的基本诉求。

数字智能的挑战同时又是对组织知识、经验和技能的挑战，组织需要保持充足的学习能力来随时更新需要的组织能力库。数字智能时代的组织学习能力不同于以往，一方面需要学习的内容高度专业化，难以在教育机构的通用型教育中提前获得，更现实的实现手段是在组织空间内完成学习；另一方面，由于新知识的更新速度过快，组织难以独立完成如此巨量的学习工作，组织与研究机构和大学等专业知识组织的关系将会更加紧密。大量专业、即时的学习经验要转移到组织之中，且这种学习经验要尽量提升效率。对于这种组织学习情境，最新应用的组织技术是所谓混合空间技术（Perkmann et al., 2018）。在以企业为基础的混合空间中，技术领域的专业人才和知识传统与组织内部跨团队的问题解决小组发生持续的对撞和互动，激发了有效的问题解决方案。虽然组织人员能够在短时间内迅速完成知识更新，但组织仍需与专业研究机构一起持续关注新知识领域的研究和应用方向。

数字智能的挑战从根本上是现代组织本身的挑战。当几乎所有的知识过程能够通过新信息技术终端瞬间获取，当几乎所有的技术过程都能够通过新的信息平台即时外包时，产品和服务生产过程的交易成本将快速缩小，组织必须以结构化为组织的经济逻辑将不再存在，单个组织的规模将变得越来越小。有两种相关的组织技术将帮助企业和社会来应对这种情况：组织身份重构与组织社区化。组织身份重构是指组织在自我指涉时采用全新的视角，优先聚焦于一小部分核心活动及因这部分核心活动产生的组织身份认同（Anthony and Tripsas, 2016; Petriglieri et al., 2019）。与之匹配的，是原隶属于组织的人员和结构会离开组织整体框架，独立形成自己新的组织身份和业务范围。这种新的身份和业务范围并不会完全脱离原有组织，他们将与过去的组织共同构成新的组织社区（O'mahony and Ferraro，2007）。在社区内共享知识和观念，但在财务和商业运作上保持较高的独立性。今天在中国大企业中日渐普遍的平台化战略可以看成组织身份重构与组织社区化的一种组合运用，虽然平台上的各支团队仍然在整体上构成一个集体身份，但是团队身份的作用正在越来越明显，且不同团队以一种类似社区式的关系，松散地分布在核心团队周围（O'Mahony and Bechky，2008）。

新组织技术和家族企业适应性

虽然家族企业经常被认为具有较强的保守性，但其治理结构和内部逻辑通常会有助于使用上述的组织技术。事实上，相较于非家族企业，家族企业更容易对数字智能时代拥有更好的适应性。

组织去中心化技术本质上是一个减少内部科层制，增强内外联动性的组织技术。家族企业的额外优势在于：其一，其内部控制较多地依赖于家族成员个人主导的管控体系，而非繁复的科层制组织；其二，家族企业在建立社会关系、积累社会资本、维持社会网络方面拥有更多的经验和技能，更容易向外延伸，与外部组织发生关系。组织在使用观念化的自我呈现方式时，家族企业同样会因为上述两种原因而获得额外的优势。同时，家族企业的内部文化传统和对于特定行业的持续关注，很容易帮助组织挖掘到适合自身自我呈现的文化主题。

组织使用混合空间技术时，其成功的关键在于管理者能够将不同的制度逻辑进行整合，统一到一个共同的组织身份或组织能力上。家族企业应用这一技术的独特优势在于，家族企业内部的家庭逻辑很强。这种强势逻辑的优点一方面体现在其他新的思维和理解方式很难影响到家族逻辑，从而避免了组织内部的矛盾和争执过程；另一方面体现在，家族逻辑通常拥有长期性的视野，在混合性空间中，家族企业能够更为耐心地与大学等科研单位进行合作。

对于进行身份重构的组织，家族企业较为简单的公司治理结构同样具有明显的优势。当企业的组织结构不断扩张和精细化时，任何涉及改变组织身份的活动都有可能招致其成员的不认同和抵制（Navis and Glynn，2010）。较为简单的公司治理结构意味着组织的正式权力集中在少数股东手中，因而关于组织身份的矛盾很难影响到组织高层的日常工作。同时，由于家族企业的核心价值倾向于保持长期稳定性，文化的稳定性转化为自我身份认同的稳定性（Kraatz and Block，2008）。组织使用社区化技术时，由于组织长期与当地社区和供应链网络进行交互，通常能够积累较多的组织经验和能力，这些能力能够较为顺畅地转化为新的社区化组织运行所需的正式规则和非正式规则。

家族企业的基本特征——公司治理的简单化和集中化，善于进行组织网络的扩展与维护，家族观念和逻辑占据上风，组织身份较为简单和稳定，都增强了家族企业在数字智能时代的适应性。虽然很多观察家可能怀疑以保守著称的家族企业能否拥有足够的组织资源来适应时代，但我们仍然可以对此表示较高程度的乐观。对适应数字智能的环境而言，家族企业在组织手段上并不存在明显的缺陷，即使存在，也是最容易克服的。真正难以解决的困难，在于其文化特征和全新市场条件的相互匹配与融合。

后　记

家族企业：
中国故事与
全球视角

在前面的九个章节中，我们从各个层面讨论了中国家族企业的情况和问题，同时又参考了全球家族企业的多重经验。我们的讨论穿越了几乎所有主要的家族企业特征与问题，其中的大部分问题既是管理实践中最为棘手的现实问题，同时也是今天公司研究中学术关注最多的热点问题。我试图使用中国和国际学术界最新产生的知识和看法来思考中国家族企业的现实问题。在此过程中，作者又竭力思考最为现实的管理困境，并提供解答。就研究而言，管理理论本身的学科导向性不强，而更多地体现出对现实问题的高度敏感性。着眼于现实问题的家族企业研究更是如此，好的家族企业理论几乎一定会反映家族企业现实，并能指导家族企业实践。这也驱动了作者过去十年的研究工作：与企业和管理者紧密联系，提供优化的科学思考，解决现实的家族企业问题。本书可以看作对这些研究工作的总结。

本书的第一章首先总结了中国家族企业的经验，试图讲好中国故事。改革开放四十年以来中国家族企业的发展在激活中国经济的同时，为我们提供了基本的思考框架。作者总结为3FP模型，拥有高度进取心、在战略上极为聚焦且调用了家族参与的中国企业，成功利用了家族企业更为一般化的优势——特殊主义、个人主义、勤俭节约，从而缔造了快速增长的财富故事。与此同时，中国的家族企业又是有其历史沿革的，从晋商、徽商到近代激流中的早期家族企业，管理者们都试图顺势而为，与环境进行有效互动。

在第二章中，作者与读者一起讨论了家族企业在全球范围内的几种成功模式，希望通过解剖这些不同的模式带给读者一些思考中国家族企业的启示。在北美，规模巨大的家族企业在经过数代人的经营之后，逐渐成为社会上层，完成了精英化；在日本等其他东亚国家和地区，家族企业能够在保持家族性和巨大体量的同时完成持续的创新，成为可以跳舞的大象；在西欧，整体上中等规模的家族企业保持了很高的盈利水平和神秘程度，从而在不显山不露水的过程中，成为所谓的隐形的冠军；在南欧地中海沿岸，较小规模的家族企业则拥有巨大的情怀，与当地社区的发展交织在一起。

前两章构成一种讨论上的对称性，既关注了中国家族企业的特点和经验，又吸收了全球家族企业的模式和特长。好的中国故事，一方面要求讲述者懂中国，另一方面也要求讲述者晓世界，中国的独特性是在与其他国家家族企业的对比中变得清晰的。我们可以看到，中国家族企业的成功当然有其独到之处，但整体上仍然没有脱离家族企业的一般规律和经验。

从第三章到第六章，作者打开了家族企业的"黑箱"，从不同层面讨论了家族企业的主要构成内容或思考维度。如果没有家族，也就不存在家族企业，所以在第三章我们首先关注了这种家族性。家族企业的妙处经常在于其理性是在整体家族层面上实现的,而非孤立的单个企业,完成家族利益是成功家族企业共同的特征。这种家族层面的最大化在近期正在面临越来越多的挑战。传统的家族观念正在不同程度地解体,家族的规模也伴随着独生子女政策后果的显现而逐渐减小,家族性逐渐让位于家庭性。同时,伴随着女性管理者越来越多地执掌领导权,家族企业可能变得非常不同。其中既有可喜的社会进步性,但也蕴含了以前较少被思考的管理问题。

在第四章,我们讨论了家族企业作为营利性企业的特征。家族企业不同于非家族企业的根本特征是其公司治理上的独特性。所有家族企业早期的共同特点在于家族在以较大股权份额拥有企业的同时,使用家族人员管理企业,财富的创造和拥有保持了一致性。但家族成员并不一定能够始终保持对财富的有效创造能力。很多家族企业通过家族信托和家族委员会的形式,从具体的运营中剥离家族成员参与,通过家族企业进行财富创造变成较为间接的模式。在直接和间接之间,企业有时候会做出折中,使用职业经理人和家族继承人的双轨制模式。

除了"家族"和"企业"的维度,作为现代组织,家族企业生存在真实的社会环境和国家环境中。第五章我们讨论了家族企业是如何在社会环境中生存的。它们需要接入社会网络,从而有效地与整个商业生态圈进行良性互动;家族企业内部需要管理者获得充分的合法性,从而以一种权威的方式有效动员家族企业活动;家族内部需要保持充足的创业精神,从而能够进行不断的自我革新,保持家族系统的持续性。第六章讨论了家族企业是如何适应国家制度环境的。全球范围内的家族企业探索告诉我们,金字塔式的家族企业是非常常见的,虽然各界对于这一现象的理解仍然不够充分。家族企业的具体战略和结构安排,通常是适应了该国制度环境后产生的。

第七章和第八章着重关注了家族企业的创新问题。创新不仅是当今时代企业发展的主题,也是掣肘家族企业持续发展的最明显要素。随着技术和经济环境的快速变化,所谓的成功企业变得不复存在,更多的则是经过时代选择的企业。成功的家族企业到底是坚持守业还是进行再创业变成一种两难。当下的再创业又遭遇了家族企业的代际传承期,新的管理者执掌企业,带来了额外一重的机会和挑战。在第八章作者试图讨论对于创新困境的答案。作者首先提供了一个家族企业的生命周期模型,管理者可以根据不同周期的突出特点来思考自身的创新和战略问题;随后,我们讨论了家族企业如何进行自我颠覆,成功启动战略变革的问题。如果能够成功利用其在公司治理上的特征,家族企业反倒能比较有效地进行创新;最后,我们讨论了家族企业如何利用传承的机会进行创新。传承意味着管理者、组织结构、战略方向的新可能性,如果能够成功利用这些可能性,家族企业有可能走出一条全新的道路。

在第九章,作者在更为一般的角度上讨论了家族企业的未来。第一节主要讨论了新钱和老钱的问题。中国的家族企业虽然是刚刚获得的财富——所谓的新钱,但其产业特征却是非常"老钱"。这意味着它们在承受着某种"新钱"式的声誉压力的同时,还需要寻找转型的方向。在第二节，作者以社会观念的角度讨论了家族企业理性的问题。中国家族企业虽然经常被视为某种非理性的经济实体，但作者的分析指出这些非理性背后的高度理性。第三节则关注了被视为传统力量的家族企业能否适应最为现代的新技术革命，不同于一般的看法，作者认为在新技术革命产生的组织技术变化中，家族企业反倒处于极为优势的地位。

在整本书中，作者首先利用中国和全球两个情境，讨论了家族企业的故事和经验。随后分层次地剥离了家族企业不同的特点，从最为微观的家族层次讨论到最为宏观的国家环境层次。在此基础上，进一步讨论了家族企业面对的创新难题和应对路径，并最终从抽象层面上考量了中国家族企业的未来。我们看到的是拥有复杂性、多样性和动态性的中国家族企业。希望本书的讨论能够激发读者的思考，把历史悠久的家族企业成功引向充满挑战的未来。

参考文献

林毅夫. 中国经济专题［M］. 北京：北京大学出版社，2008.

王利平. 中国人的管理世界：中国式管理的传统与现实［M］. 北京：中国人民大学出版社，2010.

Carney, M. (2005). Corporate governance and competitive advantage in family-controlled firms. Entrepreneurship theory and practice, 29(3), 249-265.

Crémer, J. (1995). Arm's length relationships. The Quarterly Journal of Economics, 110(2), 275-295.

Davis, G. F., Kim, S. 2015. "Financialization of the economy." Annual Review of Sociology, 41(1), 203.

Friedland, R., & Alford, R. R. (1991). Bringing society back in: Symbols, practices and institutional contradictions.

Jensen M C, Meckling W H. Theory of the firm: Managerial behavior, agency costs and ownership structure[J]. Journal of financial economics, 1976, 3(4): 305-360.

Davis, G. F. (2015). Celebrating Organization Theory: The After-Party. Journal of Management Studies, 52(2), 309-319.

Khanna, T., & Palepu, K. (1997). Why focused strategies may be wrong for emerging markets. Harvard business review, 75(4), 41-48.

Popper, K. R. (2002). The poverty of historicism. Psychology Press.

Rumelt, R. P. (2012). Good strategy/bad strategy: The difference and why it matters. Strategic Direction, 28(8).

Shleifer, A., La Porta, R., & de Silanes, F. L. (1999). Ownership Around the World. Journal of Finance, 54-2.

Scott, W. R., & Davis, G. F. (2015). Organizations and organizing: Rational, natural and open systems perspectives. Routledge.

Weber, M. (1978). Economy and society: An outline of interpretive sociology. Univ of California Press.

Abrahamson, E., Berkowitz, H., & Dumez, H. 2016. A more relevant approach to relevance in management studies: An essay on performativity. Academy of Management Review, 41(2): 367-381.

Bourdieu, P. 1984. Distinction: A social critique of the judgement of taste: Harvard University Press.

Chandler, A. D. 1990. Strategy and structure: Chapters in the history of the industrial enterprise: MIT press.

Dobbin, F. 1994. Forging industrial policy: The United States, Britain, and France in the railway age: Cambridge University Press.

Freeman, J., Carroll, G. R., & Hannan, M. T. 1983. The liability of newness: Age dependence in organizational death rates. American sociological review: 692-710.

Gómez-Mejía, L. R., Haynes, K. T., Núñez-Nickel, M., Jacobson, K. J., & Moyano-Fuentes, J. 2007. Socioemotional wealth and business risks in family-controlled firms: Evidence from Spanish olive oil mills. Administrative science quarterly, 52(1): 106-137.

Gomez-Mejia, L. R., Cruz, C., Berrone, P., & De Castro, J. 2011a. The bind that ties: Socioemotional wealth preservation in family firms. The academy of management annals, 5(1): 653-707.

Gomez-Mejia, L. R., Cruz, C., Berrone, P., & De Castro, J. 2011b. The Bind that Ties: Socioemotional Wealth Preservation in Family Firms. Academy of Management Annals, 5: 653-707.

Hambrick, D. C., Werder, A. V., & Zajac, E. J. 2008. New directions in corporate governance research. Organization Science, 19(3): 381-385.

Khanna, T., & Palepu, K. 1997. Why focused strategies may be wrong for emerging markets. Harvard business review, 75(4): 41-48.

Lounsbury, M., & Glynn, M. A. 2001. Cultural entrepreneurship: Stories, legitimacy, and the acquisition of resources. Strategic management journal, 22(6 - 7): 545-564.

Marquis, C., & Tilcsik, A. 2013. Imprinting: Toward a Multilevel Theory. Academy of Management Annals, 7(1): 195-245.

Mintzberg, H. 1979. The structuring of organizations: Prentice hall Englewood Cliffs, NJ.

Mintzberg, H., & Waters, J. A. 1985. Of strategies, deliberate and emergent. Strategic management journal, 6(3): 257-272.

Peng, M. W., & Luo, Y. 2000. Managerial ties and firm performance in a transition economy: The nature of a micro-macro link. Academy of management journal, 43(3): 486-501.

Stinchcombe, A. L., & March, J. 1965. Social structure and organizations. Handbook of organizations: 142-193.

Swidler, A. 2000. Cultural power and social movements, Culture and Politics: 269-283: Springer.

Thornton, P. H., & Ocasio, W. 1999. Institutional logics and the historical contingency of power in organizations: Executive succession in the higher education publishing industry, 1958-1990. American Journal of Sociology, 105(3): 801-843.

林毅夫.中国经济专题[M].北京：北京大学出版社，2008

赵晶，关鑫，高闯.社会资本控制链替代了股权控制链吗？——上市公司终极股东双重隐形控制链的构建与动用[J].管理世界，2010：3: 127-139.

赵晶，郭海.公司实际控制权，社会资本控制链与制度环境[J].管理世界，2014：(9): 160-171.

赵晶，王明.利益相关者,非正式参与和公司治理——基于雷士照明的案例研究[J].管理世界，2016：(4): 138-149.

Davis, G. F. (2015). Celebrating Organization Theory: The After‐Party. Journal of Management Studies, 52(2), 309-319.

March, J. G. (1995). The future, disposable organizations and the rigidities of imagination. Organization, 2(3-4), 427-440.

Mintzberg, H., & Waters, J. A. (1985). Of strategies, deliberate and emergent. Strategic management journal, 6(3), 257-272.

Weber, M. (2002). The Protestant Ethic and the Spirit of Capitalism: and other writings. Penguin.